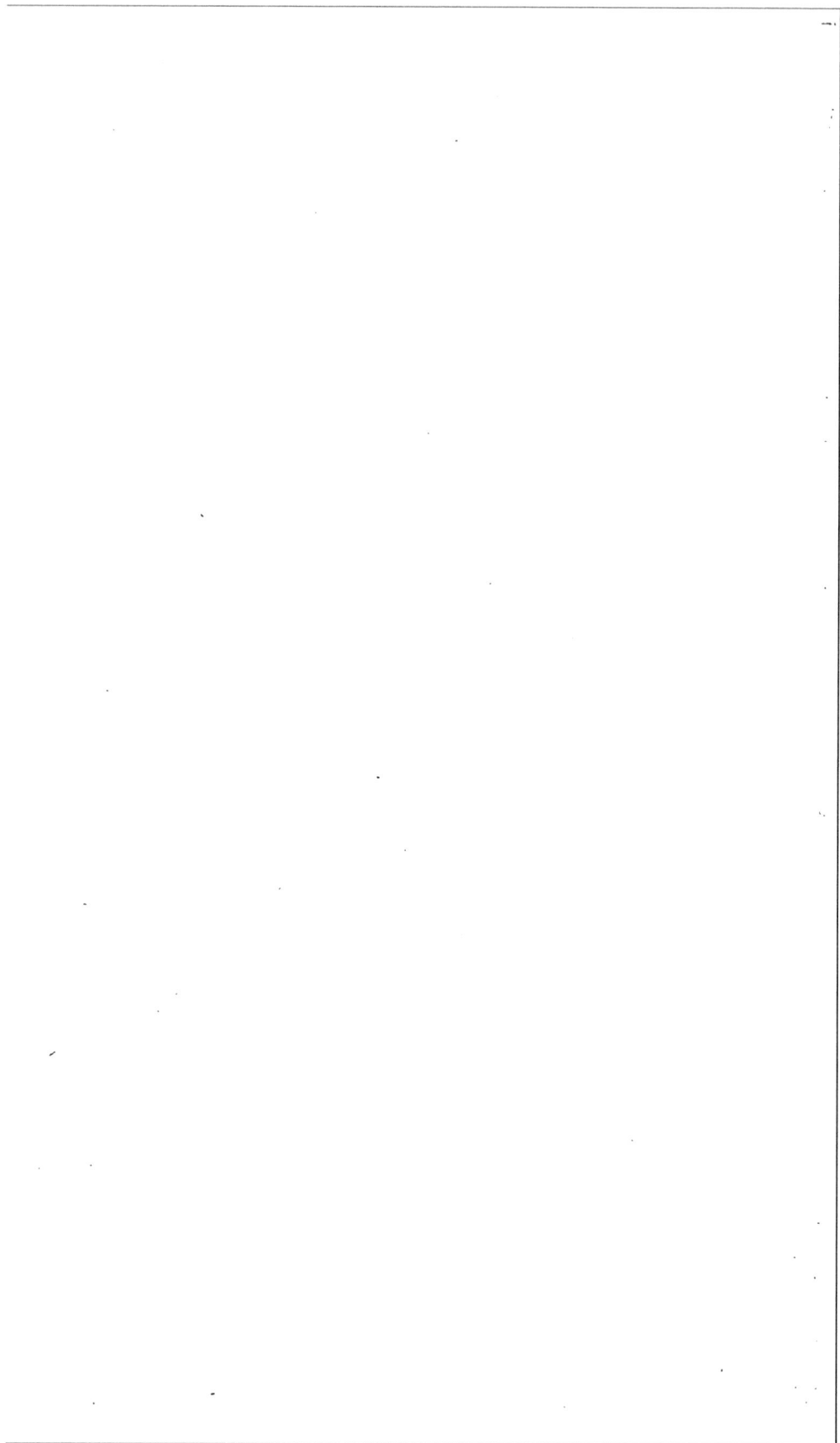

MONOGRAPHIE

DE

SAINT-SALVI D'ALBI.

TOULOUSE,

IMPRIMERIE DE A. CHAUVIN,

Rue Mirepoix, 3.

EGLISE SAINT SALVI
d'Albi

MONOGRAPHIE

DE

L'INSIGNE COLLÉGIALE

DE

SAINT - SALVI

D'ALBI,

PAR M. HIPPOLYTE CROZES,

Correspondant du Ministre de l'Instruction publique pour les travaux historiques, de la Société Archéologique du Midi, des Antiquaires de France, de l'Académie des Sciences, Inscriptions et Belles-Lettres de Toulouse, ancien maire d'Albi, juge d'instruction au Tribunal de la même ville, membre du Conseil général du Tarn.

Respectons nos vieux monuments; c'est
notre histoire même....

Les églises gothiques, p. 71.

TOULOUSE,

DELBOY, LIBRAIRE,

Rue de la Pomme.

ALBI,

CHAILLOL, LIBR.,

Rue de Lonlinet.

PARIS,

VICTOR DIDRON, RUE HAUTEFEUILLE, 13.

—

1857.

PRÉFACE.

Deux édifices religieux, monuments de la piété de nos pères, et remarquables à divers titres, sont placés presque côte à côte l'un de l'autre, la cathédrale de *Sainte-Cécile* d'Albi et l'ancienne église de *Saint-Salvi*.

Le premier, aux formes grandioses, à l'aspect majestueux et imposant, réunit dans son enceinte toutes les richesses de l'architecture chrétienne du moyen-âge et du temps de la renaissance.

Une monographie a fait connaître les splendeurs de la cathédrale de *Sainte-Cécile*.

L'ancienne église de *Saint-Salvi*, autrefois insigne collégiale, dans des formes plus humbles, des proportions plus modestes, semble faire le pendant de ce monument. S'il n'excite pas, auprès de l'étranger qui le visite, l'admiration que doit inspirer la vue de la magnifique cathédrale, il doit fixer l'attention de l'archéologue, la curiosité de l'antiquaire, le respect de tous ceux qui honorent la noblesse des origines, les souvenirs du passé.

La première origine de l'église de Saint-Salvi remonte au sixième siècle, et les transformations dont elle a été l'objet en font un des édifices les plus vénérables et les plus curieux de l'art chrétien dans le midi de la

France. Son histoire se lie à l'histoire du pays et présente cet intérêt de vénération religieuse qui s'attache aux plus respectables traditions.

Peut-être cet intérêt souvent oublié a-t-il été trop méconnu par rapport à l'édifice dont nous essayons l'histoire. — Ce monument, il est vrai, a mérité l'éloge de quelques érudits touristes ; mais tout en rappelant à ceux-ci les titres qu'il a offerts à leur curieuse attention, nous voudrions le mettre en honneur aux yeux de tous : *indocti discant, ament meminisse periti.....*

MONOGRAPHIE

DE

SAINT-SALVI D'ALBI.

I.

PREMIÈRES ORIGINES.

Les édifices religieux des premiers âges eurent, pour la plupart, des moines pour fondateurs, un monastère pour berceau. Déjà, dès le milieu du quatrième siècle, lorsque l'empire romain, envahi par les Barbares, tombait en ruines de toute part, les arts ne trouvèrent plus d'asile que dans le cloître, qui était alors l'expression la plus pure du christianisme : ils s'abritèrent à l'ombre de ces silencieuses retraites, reconnurent la religion chrétienne pour leur reine, lui prêtèrent leurs charmes en échange de ses divines inspirations, et lui élevèrent bientôt des temples magnifiques et mystérieux comme sa doctrine.

Les architectes des plus somptueuses cathédrales, des plus belles églises collégiales ou conventuelles, furent des évêques, des abbés et des moines. Les plus anciens manuscrits et les chartes de fondation mentionnent un grand nombre de religieux ou d'évêques qui donnèrent les plans de leurs églises. Namatius, évêque de Clermont, Fulbert, évêque de Chartres, surveillèrent et conduisirent l'œuvre de leurs cathédrales; et, sans aller chercher des exemples loin de nous, ne savons-nous pas que Bernard de Castanet donna les plans et dirigea la construction de la cathédrale de Sainte-Cécile d'Albi (1).

Comme la plupart des monuments du moyen-âge, c'est au cloître aux pieds duquel elle a été bâtie, que l'ancienne église collégiale de Saint-Salvi doit son origine. Là s'était établie, vers le milieu du sixième siècle, une abbaye où vivaient des moines et des clercs sous une règle commune ; là, dès les premiers siècles du christianisme, avait été fondé un édifice religieux dédié à saint Saturnin, premier évêque de Toulouse. Ce temple chrétien prit dans la suite le nom de Saint-Salvi, après que son bienheureux patron y eut été inhumé, et c'est sur cet emplacement même que l'église de Saint-Salvi a été élevée.

Les traditions et les légendes, qui auraient porté la lumière sur ces siècles éloignés de

(1) *Monographie de la cathédrale d'Albi*, par l'auteur, p. 5.

nous, ont disparu dans le naufrage du temps.
Nous n'essaierons pas de soulever un voile,
qui ne laisserait apercevoir après lui qu'une
nuit profonde ; ni même de suivre aveuglé-
ment la trace de quelques chroniques incer-
taines et sans autorité. Néanmoins, il nous a
semblé, qu'à l'aide des documents qui nous
sont restés, réunis ou rapprochés, il serait
possible d'éclairer ces premières origines, et
de présenter l'histoire fidèle de l'église de
Saint-Salvi.

II.

MOTIFS DE LA DÉDICACE DE L'ÉGLISE

A SAINT SALVI.

Les personnages qui, dans la suite des siècles, ont provoqué la vénération des peuples
ne furent pas redevables au hasard ou à des
exaltations peu réfléchies des honneurs dont
ils ont été l'objet. Ce sont, en effet, des héros,
ces hommes qui domptèrent les passions de
leur cœur et surent braver la méchanceté de

leurs semblables; ces bienfaiteurs de l'humanité, qui fondèrent des asiles pour le pauvre et pour la vertu délaissée, se vouèrent à la pauvreté, à la peste, à l'esclavage, pour faire du bien aux hommes et méritèrent par leurs travaux de monter au rang des puissances célestes.

Salvius ou Salvi fut un de ces héros. Ce saint personnage est sans contredit un des hommes les plus remarquables de son époque, une des plus vénérables figures d'évêque qui aient apparu dès les premiers siècles dans le sein de l'église.

Grégoire de Tours, qui fut son contemporain et son ami, a raconté les actes de sa vie et glorifié ses hautes vertus (1). Cet illustre écrivain atteste les faits qu'il rapporte, soit

(1) *Historia Francorum sancti Gregorii*, *episcopi turonensis*, lib. V, c. 45 et 51, lib. VII, c. 1, lib. VIII, c. 22.

qu'il ait été le témoin oculaire des uns, soit qu'il ait recueilli les autres de la bouche même de l'évêque d'Albi (1). Or, l'autorité qui s'attache à l'auteur de l'*Histoire des Francs* est si puissante, que l'école historique rationaliste de nos jours n'a pas cru pouvoir se refuser à son témoignage (2).

Salvi était originaire de l'antique cité des *albienses*, et appartenait à une ancienne et

---

(1) Hic enim (beatus Salvius), ut ipse referre erat solitus..... testor Deum omnipotentem quia ab ipsius ore, omnia quæ retuli audita cognovi.... (*Ibid.*, lib. VII, c. 1).

(2) L'histoire des Francs de Grégoire de Tours, *Historia Francorum*, est un des ouvrages les plus précieux pour les premiers temps de notre histoire. Elle comprend cent soixante-quatorze ans (417-591); elle fait partie du recueil des historiens de France, par dom Bouquet, et de la collection des mémoires relatifs à cette histoire, par M. Guizot. MM. Guadet et Taranne, au nom de la Société de l'histoire de France, en ont publié une traduction avec le texte (1836-1839).

riche famille de ce pays (1). Il développa,
dans l'exercice du barreau et dans diverses

(1) Siagrius, nommé par le roi Clotaire II comte d'Albi, en
615, était fils de Salvi et d'Echanfrède, de la même ville. Sa
famille, qui était très-riche et gauloise d'origine, tenait un rang
des plus distingués en Aquitaine parmi celles qu'on appelait alors
romaines. Salvi et Echanfrède eurent trois fils : Rustique, Siagrius et saint Didier. Clotaire les combla de bienfaits. (*Vit. s.*
Desiderii , Biblioth. l'abb., p. 699).

Saint Salvi et Didier, duc de Toulouse, étaient de cette même
famille. En effet, outre la ressemblance des noms, ils étaient les
uns et les autres d'une naissance distinguée, Romains ou Gaulois
d'origine, et enfin natifs et habitants du pays d'Albigeois où ils
avaient leurs biens et leur patrimoine (*Vid. Val. rer. Franc.,* lib.
XIX, p. 142. *Hist. génér. de Lang.* , tome 1, p. 326 et 327.)

Saint Salvi est né à Albi, où il est mort en 584 ou 585, au lieu
appelé *la Rivière.* La tradition a consacré que les maisons *Bories*
et *Monge* ont été construites sur l'emplacement de celle que saint
Salvi habitait. Une fontaine publique placée devant ces maisons a
conservé la dénomination de fontaine de Saint-Salvi. (Roger,
Archiv. hist. de l'Albigeois , p. 20. *Etudes hist. de l'Albi-*
geois, par M. Compayre, p. 57.)

charges de magistrature, d'énergiques facul-
tés. Mais le principe de l'honneur et la charité
la plus bienveillante dépassaient de beaucoup
l'élévation de son esprit, nobles instincts que
suit communément de près le sentiment religieux. L'homme, au nom d'honneur, sent en
effet remuer quelque chose en lui qui réveille
toutes les puissances de son âme. Une fermeté
invincible le soutient à cette pensée de veiller
sur ce tabernacle pur, qui est dans sa poitrine
comme un second cœur où siégerait un Dieu.

L'honneur soutient et invente de grandes
entreprises, des luttes magnifiques et persé-
vérantes, des sacrifices inouïs, lentement
accomplis, mais plus beaux par leur patience
que les élans d'un enthousiasme subit. La
charité bienveillante a aussi sur l'homme une
action à l'égal du premier sentiment : ce sont
des tolérances merveilleuses, de délicates
bontés, des indulgences divines, de sublimes

pardons. C'est le vestibule qui conduit au parvis sacré et en prépare l'entrée, la lumière qui veille en nous comme une vive lueur, l'aimant magique qui attire et attache les cœurs dignes de comprendre tout ce que ces deux sentiments peuvent produire dans les âmes.

Ils développèrent chez Salvius l'héroïsme du sentiment religieux, qui fit de ce personnage un saint illustre, un héroïque apôtre de la charité chrétienne.

Le récit simple et naïf des faits rapportés par son historien rendront mieux que nos paroles le tableau de cette grande vie (1).

Après avoir vécu dans le monde, qu'il avait étonné par ses hautes vertus, Salvius embrassa l'état monastique *sous la règle des*

(1) *Historia Francorum Gregorii turonensis*, aux livres indiqués ci-dessus.

pères. Il se distingua si fort dans ce nouvel état par la pureté de ses mœurs et l'observance de tous ses devoirs, que l'abbé du monastère où il s'était consacré au service de Dieu étant mort, il fut élu à sa place par la communauté; mais ne pouvant allier son attrait pour la vie monastique avec les devoirs de la supériorité, il se renferma dans une cellule pour y vivre dans la solitude. L'austérité de sa vie et son exacte retraite lui attirèrent une si grande renommée qu'il fut obligé de rompre le silence auquel il s'était condamné pour écouter ceux qui avaient recours à ses avis; il priait avec eux, les aidait de ses conseils et leur distribuait des *Eulogies* qui opéraient divers miracles.

Ce saint solitaire, éprouvé par les souffrances et par les travaux que sa charité lui inspirait, tomba malade, et son mal fit de tels progrès qu'on crut véritablement qu'il avait cessé de vivre. On disposait la cérémonie de ses funérailles, quand, tout-à-coup, il revint à lui-même au grand étonnement de tous les assistants. Il passa ensuite trois jours dans le silence et l'abstinence la plus absolue. Le quatrième jour il raconta à ses frères les choses admirables qu'il avait vues...

Cet évènement singulier donna un nouvel éclat à sa sainteté, et le siége épiscopal d'Albi étant venu à vaquer, il fut élu pour le remplir. Quelque pesant que lui parût ce fardeau, il trouva le secret de le rendre doux et léger par son attention à s'acquitter de tous les devoirs de son ministère et par les soins qu'il prit de bien conduire son troupeau et de le consoler dans ses tribulations.

L'amour qu'il avait pour son peuple apparut principalement durant la peste qui affligea le pays d'Albigeois, la dixième année de son épiscopat. Touché de voir emporter par ce

fléau la plus grande partie de ses diocésains,
il exposa sa vie, comme un bon pasteur, pour
le salut de ses brebis.

Son désintéressement envers les pauvres,
les malades et les malheureux était sans bornes. Son dévouement se produisit d'une manière éclatante lors de l'invasion de l'Albigeois
par le général Mommole. Celui-ci, après avoir
ravagé tout le pays, se retirait chargé de bu-
tin et amenait avec lui un grand nombre de
prisonniers. Salvi ne put voir le triste sort de
tant de malheureux sans en être vivement
ému. Il se présenta au chef victorieux et sol-
licita, la douleur dans le cœur et les larmes
aux yeux, leur délivrance. Il la demanda avec
tant d'instance, que ce général et les autres
officiers du roi Gontram, vaincus par l'ardeur
de son zèle, lui accordèrent la faveur qu'il
sollicitait; et après lui avoir rendu tous les
honneurs dus à son caractère et à ses hautes

vertus, lui firent même des remises considérables sur les rançons qu'il offrait de payer.
Salvi ramena en triomphe tous ces prisonniers
dans sa ville épiscopale.

Autant la charité de ce prélat était ardente
et ingénieuse, autant sa foi était courageuse
et pure.

Elle se montra, dans toute son énergie, à
l'occasion d'un traité théologique que le roi
Chilpéric avait composé, et dans lequel ce
prince prétendait qu'on ne devait reconnaître
ni le nom ni la distinction des personnes en
Dieu. Chilpéric ayant lu cet ouvrage à Salvi et
à Grégoire de Tours, qu'il avait mandés auprès de lui, les pressa de lui donner leur
approbation. Mais ces deux prélats, pénétrés
de l'impiété de cette fausse doctrine, firent
connaître à ce prince leur courageuse opi-
nion. Le zèle de Salvi alla même si loin qu'il
aurait mis cet écrit en pièces, s'il eût pu s'en

saisir au moment de la lecture qui lui en était faite.

Salvi se rendit en l'année 580 au concile de Braine, dans le Soissonnais, de concert avec les autres évêques, sujets du roi Chilpéric, et proclama, avec les autres prélats, l'innocence de Grégoire de Tours, poursuivi par les calomnies de la cruelle Frédégonde. Après le concile, et pendant que les évêques allaient prendre congé du prince, Salvi rencontra Grégoire sous le vestibule du palais du roi. Celui-ci prit à l'écart l'évêque d'Albi pour s'entretenir avec lui avant de se séparer. Leur conversation était à peine commencée, que Salvi l'interrompant : « Ne voyez-vous pas, lui dit-il, quelque chose sur la toiture de ce palais ? — Je n'y aperçois autre chose, répondit Grégoire, que la nouvelle couverture que le prince y a placée depuis peu. — Quoi ! répondit Salvi, vous n'y voyez rien autre chose ? et moi, continua-t-il en soupirant, je vois le glaive de la colère de Dieu prêt à fondre sur cette maison. » L'évènement justifia la vision du prélat. Dans l'espace de vingt jours, Chilpéric vit périr, d'une maladie épidémique qui ravagea alors toutes les Gaules, ses trois fils, Chlodobert, Dagobert et Clovis.

Salvi mourut le 10 de septembre de l'année 584, et fut inhumé dans l'église qui plus tard a porté son nom. Sa sainteté fut proclamée par toutes les bouches ; et son culte, approuvé par l'église, se répandit dans l'Albigeois et dans plusieurs provinces du royaume (1).

(1) C'est surtout dans l'Albigeois et la province d'Aquitaine que saint Salvi fut l'objet de la vénération et d'un culte publics. Il a été aussi honoré dans plusieurs autres provinces, et en particulier dans les diocèses de Nevers et d'Amiens, sous les noms de saint Sauge ou saint Sauve. Un village de la première des provinces ecclésiastiques que nous venons de nommer a pris son nom, qui, dans la suite des temps, a été nommé Saint-Saulge. L'église de

Telle fut la vie du personnage illustre qui, en mourant, fut honoré du nom de saint et reçut les honneurs attachés à ce titre. De sorte que l'on peut dire de lui que *son sépulcre fut glorieux,* puisqu'il servit de base au monument sacré élevé en son honneur.

Le monastère où vécut Salvius, le cloître qu'il édifia par ses vertus, la chapelle alors dédiée à saint Saturnin où il fut inhumé, l'église érigée en son honneur ; tous ces édifices, successivement transformés par la main des hommes ou par les efforts du temps, vont faire l'objet de cette étude.

Toujours il y a du charme à recueillir ces

Saint-Saulge remonte au douzième siècle, comme il conste d'un manuscrit déposé dans ses archives. Le saint qu'on honore sous le nom de saint Saulge est bien saint Salvi, évêque d'Albi, et lorsque le rit romain a été récemment introduit dans le diocèse de Nevers, c'est l'office propre de saint Salvi qui a été adopté avec l'approbation de Rome.

vieux souvenirs, à interroger ces restes, qui
semblent, au premier abord, n'avoir laissé
aucune empreinte sur la froide pierre. La
vue d'un débris échappé aux siècles ou aux
dévastateurs, d'une porte cintrée, d'une colonne, d'un chapiteau abandonné, vient frap-
per nos regards et éclairer la pensée. On
s'émeut, on se demande quel rôle ce frag-
ment a pu jouer dans l'ensemble; on se laisse
entraîner à la réflexion : peu à peu l'édifice
entier se relève aux yeux de l'esprit, et quand
cette œuvre de reconstruction intérieure s'est
accomplie, on voit l'abbaye, l'église, le vieux
monument se relever en entier dans toute sa
noblesse et avec ce prestige de vénérable grandeur, empreinte de la majesté et du respect
des siècles.

III.

L'ABBAYE.

L'ancienne abbaye de Saint-Salvi avait été
fondée *au faubourg d'Albi*, sur une élévation
en dehors des murs de cette ancienne cité ,
circonscrite alors dans l'enceinte escarpée qui
forme aujourd'hui le faubourg du *Castel-
Vieil,* et prolongée, au sud-est de ce dernier
faubourg, sur les bords de la rivière du Tarn.
Son origine remonte au-delà du sixième siècle. A cette époque, c'était un monastère de

clercs ou de moines réunis et vivant sous une règle commune. C'est cette abbaye que saint Salvi choisit pour sa retraite, et c'est dans la chapelle de Saint-Saturnin, alors desservie par ces religieux, qu'il fut inhumé en 584 (1).

Ces faits, établis par les historiens les plus autorisés, attestent l'origine de cette abbaye, que les formes et la nature de sa construction seraient impuissantes à indiquer, puisqu'il n'existe, en effet, de cet ancien monastère, que quelques substructions, recouvertes presque en entier par des constructions postérieures. Il ne reste même de ces dernières que la chapelle dite *des Augustins*, qui doit

(1) *Histoire gén. de Lang.*, tome I, liv. IV, p. 287.— *Annales de Baronius*, à l'année 584 et 587. — Pagi, Critique des *Annales de Baronius*. — Grégoire de Tours, *Hist. Franc.*, et la préface de cet ouvrage par dom Ruinart, n° 118. — *Gallia christ.*, tome I, p. 6 et 49.

avoir, avec les fondements du clocher, dont nous parlerons plus tard, une commune origine. Cette chapelle servait autrefois aux religieux et plus tard aux chanoines qui allaient y chanter les matines durant l'hiver; on l'appelait aussi *la chapelle des Prébendés*.

Le cloître était compris dans l'enceinte qui forme aujourd'hui le jardin du presbytère. Il n'existe plus, de ce monument, que la colonnade, dont la conservation est due à la nécessité de laisser pénétrer le jour dans un passage public qui conduit à l'église. Ces restes remarquables et précieux sont du style gothico-lombard et du genre arabe. Quelques-uns des chapiteaux sont seulement ornés de feuilles. Sur d'autres, l'artiste a représenté des scènes grotesques : les damnés conduits par les démons dans les demeures infernales. A la tête de ces malheureux paraît un pontife dont le front est ceint de la tiare. Presque

en regard du pontife réprouvé sont figurés
des prêtres portant la croix et le vase destiné
à contenir l'eau lustrale des chrétiens. La
conception de cet ouvrage, le travail de tous
ces chapiteaux sont souvent étranges, et les
feuillages qui servent d'ornement à ces derniers bizarrement contournés. Mais ce morceau d'architecture est curieux par sa forme
originale (1).

Les archéologues ne sont pas d'accord sur
son origine; et plusieurs lui ont attribué une
très-haute antiquité. Trompés par la forme
des arcs à plein cintre que supportent les
colonnes, ils ont fait remonter à la première
période romane une œuvre bien postérieure
à cette époque architecturale. La forme ogive
de la petite chapelle, placée dans l'intérieur

(1) Additions et notes de l'*Histoire génér. de Lang.* par M. le
chevalier Du Mège, tome I, p. 462.

du cloître , viendrait au besoin fixer l'origine
de l'ensemble de ce travail, si la date de 1251,
placée au bas de ce monument, ne la déter-
minait d'une manière irrévocable. Cette chapelle, adossée au mur de l'église , à l'aspect
du midi, est un des objets les plus remarquables du cloître de Saint-Salvi. La partie infé-
rieure est formée par deux arcs ogives dont
la retombée est supportée par une colonne à
laquelle est adossée la statue de saint Paul
avec ses attributs ordinaires , qui consistent
dans un livre et une épée. On remarque, dans
l'intérieur, des vestiges de peintures à fresque
qui décoraient le fond de ce monument. Dans
la partie supérieure , terminée par un fron-
ton, on aperçoit trois niches. Celle du milieu,
qui renferme la statue de la Vierge, tenant
entre ses bras le Sauveur du monde, est dé-
corée de deux colonnes dont les chapiteaux
sont ornés de figures humaines. Chacune des

autres niches contient deux chanoines en au-
musse, qui prient à genoux la mère de Dieu.
La tête d'un de ces deux adorateurs de la
Vierge Marie a été brisée. L'objet de cette chapelle nous serait sans doute révélé si une
longue inscription, placée à la droite, n'était
presque entièrement mutilée. On lit seulement,
après la date de l'année 1251, ces mots : *Semper in aurorá dum lucis duobus.*

Ce monument aurait même une date de
quelques années antérieure à la construction
du cloître ; et l'origine de ce dernier se trouve
fixée par un document irrécusable, consigné
dans le savant ouvrage des religieux Bénédictins de la congrégation de Saint-Maur. On y
trouve, sous la rubrique de l'église d'Albi, et
dans la nomenclature des abbés et prévôts de
Saint-Salvi, une délibération du chapitre présidé par Pierre de La Caune, son prévôt d'alors,
qui ordonne, à la date de l'année 1270, la

construction du cloître. Le prévôt s'engage à payer tous les ans à la fête de tous les saints 10 livres de la monnaie de Cahors, les chanoines y consacrent la dixième partie de leurs revenus jusques à la consommation de l'œuvre (1). Ce document, qui avait été extrait des cartulaires de l'église, ne peut laisser aucun doute sur l'origine de la construction du cloître de Saint-Salvi.

Le monastère comprenait, dès les premiers temps, le périmètre des maisons qui forment aujourd'hui la rue de l'*Oulmet* et en partie la rue *Peyrolières*. Il fut divisé en autant de mai-

(1) Petrus III de La Cauna, præpositus 1265. — Anno 1270 ipse et canonici in capitulo sancti Salvii congregati deliberaverunt de claustro ædificando. Præpositus promisit decem libras caturcenses singulis annis solvendas in festo omnium sanctorum usque ad finem operis. Canonici vero decimam partem suorum redituum et fructuum (*Gallia christiana*, tome I, p. 50).

sons ou d'habitations particulières qu'il y avait
de chanoines ou d'officiers de l'église lors de
la sécularisation du chapitre en l'année 1523.
Les maisons comprises dans les limites ci-dessus furent nationalement vendues en 1791.
Longtemps auparavant le chapitre avait aliéné
le portique de l'église placé au sud-ouest
de cet édifice pour la rançon d'un de nos
rois.

Comme les édifices qui formaient l'ancienne
abbaye de Saint-Salvi , le corps des religieux
qui la composait a subi dans le cours des
siècles diverses transformations. Quoiqu'il soit
difficile de soulever le voile d'un passé aussi
éloigné de nous , que celui de ces siècles pour
lesquels les documents nous échappent , il est
néanmoins permis de penser que l'abbaye de
Saint-Salvi remonte au-delà du sixième siècle , puisqu'il est établi que son saint patron fut inhumé dans la chapelle du monas-

tère (1). Les religieux qui en faisaient partie formaient alors une communauté de clercs ou de moines vivant dans la pratique d'une même règle (2).

Depuis son origine jusqu'au commencement du onzième siècle, l'abbaye fut gouvernée par des abbés, sous l'autorité des évêques d'Albi. Les noms des abbés qui se succédèrent dans cette charge ont échappé à l'histoire jusques à l'année 936. Il conste d'une ancienne charte, que sous l'épiscopat d'Angelvin, évêque d'Albi, donation fut faite à Déodat (Dieudonné), abbé de Saint-Salvi, de l'église *de Monastier*, sous le règne de Louis d'Outre-mer, c'est-à-dire vers l'année 936 (3).

(1) *Hist. génér. de Lang.*, tome II, p 72 (*Gallia christ.*, tome I, p. 49).

(2) Olim abbatia clericorum an monachorum nescimus (*Gallia christ.*, tome I, p. 49).

(3) Deodatus, abbas sancti Salvii, nominatur in chartà dona-

D'un autre côté, Gaubert, abbé de Saint-Salvi, qui succède à Déodat du temps de Miron, évêque d'Albi, accepte en l'année 942 une donation à lui faite par les seigneurs Raymond et Aimeric d'un terrain destiné à la construction d'une église en l'honneur de Saint-Salvi : c'est le plateau où elle a été bâtie (1). Cette charte nous servira plus tard à éclairer l'origine de cette église.

En l'année 987, un autre titre se produit. Anselme, abbé de ce monastère, cède, au nom des chanoines, à Frotaire, évêque, et au vicomte Bernard Aton, qui prenait alors le titre

tionis *ecclesiœ de Monastier factâ* in manu Angelvini, episcopi tempore Ludovici regis transmarini circa annum 936 (*Gallia christ.*, tome I, p. 8 et 49. — *Hist. génér. de Lang.*, tome II, p. 72).

(1) Ex cartul. sancti Salvii (*Gallia christ.*, tome I, p. 7, ad instrumenta). — Nous donnons plus bas le texte de cette charte lorsque nous traitons de la construction et de l'origine de l'église.

de comte d'Albi, *le port du Tarn*, dont le chapitre était en possession, pour y construire le pont sur le Tarn dont les droits de péage lui sont assurés par cet acte de concession (1).

Ce sont là les plus anciens monuments que nous possédions sur l'abbaye de Saint-Salvi.

Après Anselme, dont il vient d'être parlé, les abbés prennent le titre de prévôts et se placent à la tête des chanoines réguliers sous la règle de saint Augustin : c'était alors vers le milieu du onzième siècle (2). Enfin, sous la direction de Guitard III, un de ses prévôts,

_____

(1) *Gallia christ.*, ibidem, p. 4, — de constructione pontis albiensis.

(2) Post medium undecimum seculum canonicis regularibus sancti Augustini cessit : ex quo tempore nulla fit mentio abbatis ; sed pater illius domûs nomen prioris seu præpositi sibi assumit, secundum consuetudinem canonicorum regulariorum seculi undecimi (*Gallia christ.*, tome I, p. 49).

l'abbaye se transforme encore. Le pape Ca-
lixte II concède à ce monastère, en l'année
1120, des priviléges nouveaux. Le titre de
prieur est solennellement déféré au chef de
la communauté, et l'église de Saint-Salvi de-
vient une collégiale (1).

Il semblait dès-lors qu'une existence paisi-
ble et régulière était assurée aux religieux qui
la composaient ; mais après la mort de Guitard III, des divisions s'introduisirent au sein
de cette communauté et ne cessèrent que cin-
quante ans après, par la haute intervention de
Guilhaume-Pierre, l'un de ses membres, qui,
devenu évêque d'Albi, donna en 1212 de nouveaux statuts destinés à rétablir l'ordre et la
paix au milieu de ces religieux (2).

Les moines de Saint-Salvi, nombreux d'a-

(1) *Gallia christ.*, ibidem.
(2) *Ibid.*, p. 7, colonne 2, ad instrumenta.

bord, furent réduits à quinze avec le titre de chanoines par une bulle d'Alexandre VI, de l'année 1493. Le nombre des vicaires ou prébendés et des autres officiers de l'église sont fixés par le même statut (1).

Ils furent sécularisés par une autre bulle, sous la date du VI des ides de mars de l'année 1523, donnée par le pape Clément VII, à la prière de Pierre de Mondor, alors prévôt de Saint-Salvi, chanoine et comte de Lyon, abbé de l'ordre de Cîteaux, et du syndic du chapitre (2). Le pape régla qu'il y aurait dans cette église un prévôt, douze chanoines, douze prébendés qui composeraient le chapitre, quatre bénéficiers simples, huit vicariats et deux bedeaux.

De nombreux et singuliers priviléges avaient

(1) *Gallia christ.*, tome I, p. 49 et 50.

(2) *Ibid.*, tome I, p. 51.

été attribués au chapitre et à l'église collégiale
de Saint-Salvi dès sa plus ancienne origine ,
d'abord par les évêques d'Albi qui s'étaient
succédé , ensuite par les papes Alexandre VI
et Innocent VII, priviléges dont la plupart furent confirmés d'autorité du roi Philippe VI
en 1341, et par une bulle du pape Jules II de
l'année 1506 (1).

Le prévôt avait le droit, dans les offices
pontificaux , de porter l'anneau et le bâton
pastoral lorsqu'il célébrait l'office divin (2).

Les évêques avaient eu, pour la plupart ,
de temps immémorial, leur sépulture dans le
monastère et l'église de Saint-Salvi. Le chapitre considérait cet usage comme un droit qui
lui était acquis. L'évêque Guilhaume-Pierre

(1) *Ibid.*, tome I, p. 51.

(2) In pontificalibus cum baculo et annulo pastorali celebrat
(*Gallia christ.*, p. 49).

consacra ce droit en sa faveur par un acte solennel, en l'année 1227 (1); mais ce privilége
cessa vis-à-vis de celui-là même qui l'avait reconnu et confirmé. Malgré sa volonté formelle-
ment exprimée, cet évêque étant mort en 1230,
sur la protestation énergique et formelle du
chapitre de Sainte-Cécile, par décision inter-
venue d'autorité de l'official d'Albi et de Simon,
archiprêtre de Cordes, juges choisis du con-
sentement des deux parties, il fut décidé que
ce prélat serait enseveli dans sa cathédrale en
présence du prévôt de Saint-Salvi et des chanoines de Sainte-Cécile. Guilhaume-Pierre fut,
en effet, inhumé dans le cloître du chapitre
de Sainte-Cécile (2).

Il est vrai que Guilhaume-Pierre lui-même
avait manifesté une volonté contraire à l'ac-

---

(1) *Gallia christ.*, p. 6, ad instrumenta.
(2) *Gallia christ.*, p. 6, ad iustrumenta.

cord passé entre lui et le prévôt de Saint-Salvi, et qu'il avait exprimé au moment de sa mort son désir d'être enseveli dans l'église de Sainte-Cécile en présence du prévôt et des chanoines de Sainte-Cécile (1).

(1) De obitu et exequiis Guillelmi Petri, episcopi albiensis. — Ex autographo anno 1230 :

Sit notum omnibus præsentibus et futuris, quod cùm dominus Guillelmus Petrus, albiensis quondam episcopus, in ægritudine positus, mente tamen sanâ et integrâ, quasi in extremis laboraret ; accercito ad se præposito et canonicis S. Cæciliæ albiensis sedis, et B. capellano et procuratore D. episcopi albiensis, elegit sibi sepulturam in ecclesiâ S. Cæciliæ sedis albiensis. Sed cum eo mortuo dicti canonici exequias funeris et officium sepulturæ, prout moris est, sibi præpararent, et vellent eum in ecclesiâ S. Cæciliæ intromittere, G. præpositus et canonici S. Salvii opposuerunt se fortiter, resistere volentes et contradicentes ne in ecclesiâ S. Cæciliæ sepeliretur. Dixerunt enim ad Ecclesiam S Salvii de antiquâ consuetudine sepulturas episcoporum albiensium pertinere ; quam consuetudinem præpositus et capitulum sanctæ Cæciliæ negabant. Allegabant etiam quod dictus Guillelmus fuerat canonicus regularis S. Salvii et ideo non poterat eligere sepulturam alibi quam in

Mais les autres priviléges reconnus et sanctionnés par l'acte de l'évêque Guilhaume-

ecclesiâ S. Salvii. Et contrà, præpositus et canonici S. Cæciliæ dicebant pro se, quod ipse quando fuit factus episcopus in ecclesiâ S. Cæciliæ fuit factus de filio pater et exemptus a potestate et obedientiâ præpositi S. Salvii; et ideo de jure communi poterat, ubi vellet, et maxime in cathedrali ecclesiâ eligere sepulturam, cum inde fuisset episcopus. Præter hæc dicebant quod illa consuetudo, si qua esset, quam præpositus et canonici S. Salvii allegabant, per quam auferretur albiensibus episcopis libertas eligendi sepulturam ubi vellent, non debebat valere de jure, cum sit contra jus scriptum, nec fuerat unquam obtenta contradicto judicio, nec per privilegium sedis apostolicæ roborata. Et cum super iis aliquamdiu ad invicem litigassent coram magistro R. albiensi officiali sicut coram judice ordinario, tandem compromiserunt utraque pars in officialem et magistrum Simon, archipresbyterum de Corduo, promittentes sub pœnâ solidorum Raymond. Quod quidquid ipsi statuerint, vel judicarent, illud utraque pars ratum et firmum haberent et illud observarent, et contra nunquam venirent. Ipsi vero habitu prudentium consilio, diligenter consideratis supradictis rationibus positis pro ecclesiâ S. Cæciliæ, et iis quæ erant posita pro ecclesiâ S. Salvii, judicaverunt dictum dominum Guillelmum

Pierre furent respectés et maintenus dans la suite des temps.

episcopum, in ecclesiâ S. Cæciliæ de jure debere sepeliri, câ præcipue ratione, quod cuilibet de toto episcopatu licitum est eligere sepulturam in ecclesiâ cathedrali ; et hoc cum omnibus liceat, multo fortius debet licere episcopo, et de jure communi potest quilibet et ubicumque voluerit ; dum tamen non sit illectus, vel non faciat ex temeritate, propriam ecclesiam contemnendo, et relictâ suæ ecclesiæ canonicâ portione, eligere sepulturam. Et cum hæc liceat filiis de jure, multo fortius licet episcopo qui pater est ; qui tamen si non elegisset sepulturam, in suâ cathedrali ecclesiâ, sicut quilibet parochianus in suâ parochiâ debet de jure sepeliri. Lata autem ista sententia sæpe fatus dominus Guillelmus episcopus, pontificalibus indumentis ornatus, quia semper sibi pontificalem dignitatem retinuerat honorifice et pacifice, delatus fuit in ecclesiam S. Cæciliæ, et celebratis missis, et officio funeris rite peracto, præsentibus præposito et canonicis S. Cæciliæ et præposito S. Salvii, et clero et populo albiensi, sepultus est in capitulo claustri S. Cæciliæ sedis albiensis. Actum est hoc anno Domini MCCXXX, IX cal. junii in claustro S. Cæciliæ albiensis, præsidente in sede apostolicâ domino Gregorio IX, pontificatus ejus anno III (*Gallia christ.*, p. 6, ad instrumenta).

Or, l'évêque d'Albi avait reconnu en faveur du chapitre de Saint-Salvi, à la stipulation de Gailhard, de Rabastens, alors prévôt de cette église, les droits suivants consignés dans l'acte solennel que la tradition nous a conservé (1).

Si un cardinal, un légat apostolique, un archevêque ou un autre prélat, un roi, un prince ou une autorité séculière considérable font leur entrée dans la ville d'Albi, l'évêque doit se rendre à Saint-Salvi et y recevoir, avec le prévôt et les chanoines de cette église, les prélats ou les laïques de distinction dont il vient d'être parlé.

Il est en outre reconnu que si une procession solennelle a lieu hors de la ville le jour du

(1) *Gallia christ.* et *Etudes historiques sur l'Albigeois*, par M. Compayre. Cet acte est un curieux monument des mœurs et des idées de cette époque.

dimanche des Rameaux, l'évêque doit se rendre d'abord à Saint-Salvi, pour sortir ensuite avec le prévôt et les chanoines de cette église et revenir avec eux jusqu'au degré de la même église.

Si l'évêque fait son entrée dans la ville à cheval, les diacres de Saint-Salvi et de Sainte-Cécile sont tenus d'aller au-devant de lui et de l'amener d'abord jusqu'au degré de l'église de Saint-Salvi; de là il doit être conduit à Sainte-Cécile, accompagné des chanoines de cette dernière église.

Il est encore reconnu que lors de l'entrée de l'évêque après une absence de son diocèse, soit pour une consécration d'église, soit à l'occasion d'un concile, il doit à son retour s'arrêter à l'église de Saint-Salvi, et là, si la procession se présente à lui, il doit la suivre avec le prévôt et le chapitre. Si, au contraire, la procession ne va pas au-devant de l'évêque, celui-ci doit aller prier sur les marches de l'autel de cette église, et, dans ce moment, la grande cloche de la même église doit se faire entendre pour annoncer l'arrivée du prélat (1).

(1) Charta Guillelmi Petri, episcopi albiensis, de privilegiis ab eo concessis monasterio sancti Salvii albiensis.

In nomine domini nostri Jesu-Christi, anno incarnationis ejusdem 1227, VIII idus augusti. Noverint universi tam præsentes quam futuri litteras istas inspecturi quod nos G., Dei gratiâ albiensis episcopus, recognoscimus tibi Gaillard de Rabastens, præposito ecclesiæ sancti Salvii albiensis et toto capitulo ejusdem ecclesiæ, licet universis sit manifestum, quod in veritate profitemur, quod si forte aliquis cardinalis, vel aliquis alius apostolicæ sedis legatus, sive archiepiscopus bituricensis, vel aliquis alius prælatus, sive rex, comes, vice comes, vel aliqua secularis potestas, civitatem albiensem aliquo casu intrare contingerit, et ad processionem admittuntur, episcopus albiensis tenetur et debet ad ecclesiam S. Salvii venire, et primò cum præposito et canonicis sancti Salvii prælatos vel seculares personas ibi recipere. Item recognoscimus et profitemur quod si in dominicâ ramis palmarum processio extra civitatem celebretur episcopus albiensis debet ad ecclesiam B. Salvii venire, et cum supradicto præposito et canonicis dictæ

Ces priviléges furent défendus et conservés
avec l'intérêt et la constante énergie que le
sentiment de la dignité et de l'esprit de corps
sait inspirer, et qui est essentiellement con-

ecclesiæ usque ad locum processioni destinatum inire, et in reditu
usque ad gradum B. Salvii et cum ipsis redire ; diaconi vero sancti
Salvii et sanctæ Cæciliæ si equitando episcopus intraverit ipsum
tenentur ducere per lora usque ad gradum supradictum ; de gradu
vero usque ad ecclesiam S. Cæciliæ cum canonicis ejusdem ecclesiæ venire. Item recognoscendo affirmamus quod cum moram facit
episcopus extra diocesim, sive in consecrationibus vel conciliis,
vel alio aliquo modo, in reditu descendit ad ecclesiam B. Salvii,
et ibi prius, si processio sibi offeratur, debet a præposito et canonicis eam recipere ; si vero ad processionem non admittatur, debet
primo ad ecclesiam B. Salvii orare, et tunc majus signum pul-
sare, ut notitiam præstet omnibus de adventu domini episcopi.
Item recognoscimus et in veritate profitemur quod omnes albienses
episcopi debent sepeliri ad ecclesiam sancti Salvii successive ; et
ut hæc recognitio in perpetuum firma habeatur, sigillum nostrum
apponi fecimus huic chartæ. Nicolaus notarius mandato domini
episcopi supradicti, præsens instrumentum scripsit (Ex cartulario
sancti Salvii. — *Gallia christ.*, tome I, p. 6, ad instrumenta).

servateur des traditions et des droits. Aussi vit-on, en l'année 1334, l'évêque *Petrus de Via,* Pierre de la Voie, neveu du cardinal Arnaldus de Via, et fils de la sœur du pape Jean XXII, après son entrée solennelle dans sa ville épiscopale, faire sa visite à l'église de Saint-Salvi, et là, au pied du grand autel et en présence du prévôt, témoigner de la manière la plus solennelle que s'il ne s'était pas rendu d'abord dans cette église lors de son entrée dans sa ville épiscopale, il n'avait entendu porter aucune atteinte aux droits et aux priviléges qu'il reconnaissait appartenir à cette même église (1).

Les cloches de l'église de Saint-Salvi ne

(1) Petrus, episcopus albiensis (anno 1334), post solemnem ingressum, auditâ missâ, visitavit ecclesiam sancti Salvii et coram altari, præsente præposito, testatus est id se fecisse absque ullo privilegiorum sancti Salvii detrimento... (*Gallia christ.*, tome I, p. 25 et 50).

pouvaient, par un privilége spécial, être mises en mouvement dans un autre intérêt que celùi de l'église même. Ce fut par une concession expresse et solennelle , faite aux consuls en l'année 1375, par le prévôt Pierre de Lauzerte , qu'il fut accordé et réglé que les cloches pourraient sonner à certaines heures pour la défense et la sécurité de la ville, ou pour quelques autres usages déterminés dans l'acte de concession (1).

Un autre document authentique de l'année 1341 atteste l'attachement du chapitre de Saint-Salvi à ses priviléges. Les religieux de ce monastère s'étaient vus contraints , lors de l'invasion de la peste, qui avait fait un grand

---

(1) Petrus S. de Lauzerto adhesit consulibus et incolis albiensibus ut certis horis pro securitate et defensione pulsaretur quoddam cymbalum in campanili sancti Salvii et quotiescumque ad excubias accederetur (*Gallia christ.* , tome I , p. 49).

nombre de victimes (la peste de Florence, qui, sous le règne de Philippe de Valois, ravagea la France d'une manière si cruelle), d'établir un cimetière sur un terrain resté libre au-devant du clocher de leur église; c'est la place dite aujourd'hui le plateau de Saint-Salvi. Mais quoique ce terrain fût désormais consacré à un service public, ils voulurent que leur droit fût maintenu ; et, en vertu des réserves stipulées dans l'arrêté du roi Philippe VI de Valois, de l'année 1341, ils firent construire en 1343, dans le cimetière même où les chanoines avaient coutume de se rendre dans les fêtes annuelles des Rogations et des Rameaux, un petit monument qui prit le nom de *Perron-Royal,* afin de maintenir ainsi, par un fait solennel, le droit du monastère (1).

(1) Anno 1341 obtinuit a rege Philippo litteras quibus confir-

L'abbaye de Saint-Salvi avait de grands revenus et possédait des biens considérables
dont l'avaient dotée plusieurs comtes et seigneurs.

Déjà, dès l'année 936, comme nous l'avons
déjà indiqué, on voit Anselme, abbé de ce
monastère, céder, au nom des chanoines, à
Frotaire, évêque d'Albi, et au vicomte Bernard Aton, *le port du Tarn* pour la construction d'un pont dont les droits de péage de-
vaient leur appartenir (1).

En l'année 1276, le prévôt Pierre de La Caune
reçoit de Philippe Oalric l'hommage de tous

mabantur privilegia sancti Salvii ; quarum auctoritate anno 1343
collocavit *penuncellum regium* in peyro cimetierii sancti Salvii
quo canonici convenire solebant in ramis palmarum, in rogationi-
bus ; et in signum salvæ gardiæ et pro juris dicti monasterii (*Gallia
christ.*, p. 49).

(1) De constructione pontis albiensis (*Gallia christ.*, tome I,
p. 4, ad instrumenta).

les cens et fiefs que celui-ci possédait dans les paroisses de Saint-Afric et de Sainte-Martiane de la ville d'Albi (1).

Un autre monument constate qu'Ebraldus, alors prévôt du diocèse, qui remplissait les fonctions épiscopales du temps de Bernard, évêque d'Albi, donne à l'église de Saint-Salvi toutes les propriétés qu'il possédait (2).

Un grand nombre de bénéfices, de prieurés et de cures dépendaient de la mense capitulaire de Saint-Salvi, et le prévôt les conférait de sa pleine et souveraine autorité (3).

Les biens du monastère s'étaient successi-

---

(1) *Gallia christ.*, tome I, p. 50.

(2) Ebraldi præpositi testamentum (*Ibid.*, p. 3, ad instrumenta).

(3) *Ibid.*, tome I, p. 49. Omnia beneficia, rectorias, prioratus, quæ a mensa capitulari dependunt præpositus confert pleno jure.

vement accrus dans la suite des temps; mais ils furent considérablement réduits par la vente que les chanoines firent généreusement de la plus grande partie de leurs possessions lors de la rançon du roi Jean, en l'année 1364.

Le chapitre, depuis cette époque, avait vu ses revenus diminuer, et en l'année 1790, après sa suppression, les documents administratifs constatent qu'ils ne s'élevaient alors qu'à la somme de 30,000 livres (1). Ce revenu était divisé entre les chanoines et les officiers du bas chœur, suivant l'emploi de chacun d'eux.

Il y avait à l'époque de la suppression du chapitre, qui eut lieu le 15 décembre 1789, treize chanoines y compris le prévôt, cinq hebdomadiers et vingt prébendiers. Les archi-

(1) Archives de la préfecture du Tarn.

ves de la mairie d'Albi font connaître le personnel qui le composait à cette époque (1).

Les abbés et prévôts de Saint-Salvi, produits d'une élection libre et spontanée de la part du chapitre réuni, étaient pris parmi les

(1) Membres du chapitre de Saint-Salvi à l'époque de sa suppression, le 15 décembre 1789.

CHANOINES.

De Druilhet, prévôt, de Villefranche, official, de Rabastens, Vieusseux, Rivières, Caussé, Gorsse, Cambiaire, Lacombe, Boyer, Rosières, Vialar, Larroque.

HEBDOMADIERS.

Lafon, Ladevèse, Crozes, Baurens, Espines.

PRÉBENDIERS.

Larroque, Gringaud, Viala, Maynard, Gaston, Gorsse, Coste, Girma, Durand, Peyroulous, Delmas, Teulier, Dumas, Cambard, Delmas minor, Vieusseux, Boussac, Carlenc.

Certifié à Albi le 12 février 1791 par nous maire et consuls d'Albi. Esperou, maire, Theroudel, Culié, Guilhaumon, Prunet, Rofliac, officiers municipaux (Archives de la mairie d'Albi).

religieux les plus distingués par leur mérite
et par leurs vertus, ou bien parmi les évêques, les cardinaux et les plus éminents dignitaires de l'Eglise (1).

(1) Les noms des abbés qui ont gouverné le monastère de
Saint-Salvi sont restés inconnus jusques en l'année 936. A partir
de cette époque cette abbaye avait eu trois abbés et quarante-
sept prévôts dont les noms sont venus jusqu'à nous. En voici
la suite :

Suite chronologique des abbés et des prévôts de Saint-Salvi ,
à partir de 936 jusques au 15 décembre 1789.

ABBÉS.

1. Dieudonné 1 (Deodatus) 936	3. Anselme. 987
2. Gaubert. 941	

PRÉVOTS.

4. Guitard I. 998	8. Guitard II. 1120
5. Ademar. 1020	9. Gailhard I. 1185
6. Pierre I. 1056	10. Guilhaume-Pierre. . 1212
7. Pierre II. 1100	11. Raymond del Portal. 1215

Tels furent Amblard, Amélius, Guilhaume-Pierre et Alphonse d'Elbène Ier, évêques d'Albi, le cardinal Georges d'Armagnac, archevêque de Toulouse, Gailhard de Rabastens, Gaubert de Lescure, Pierre de La Caune,

12. Gailhard II de Rabas-
tens. 1224
13. Gaubert II de Lescure 1263
14. Pierre III de La Caune 1255
15. Bego I. 1278
16. Amelius Vassali. . . 1309
17. Pierre IV. 1322
18. Ratier de Penne. . .. 1334
19. André Viguier. . . . 1359
20. Pierre V de Lauzerte 1362
21. Pierre VI de Scureto 1377
22. Guilhaume II. . . . 1387
23. Raymond II. 1405
24. Pierre VII. 1436
25. Raymond III de Lau-
rette. 1439

26. Jacques I de Laurette 1456
27. Bego II. 1463
28. Pous de Podie. . . 1477
29. Raymond IV d'Ycher 1490
30. Gerald I de Boysserie 1497
31. Jean d'Izarn. 1499
32. Louis d'Izarn. . . . 1504
33. Gerald II de Boysserie 1505
34. Dieudonné II d'Izarn 1505
35. Hély de Jauffroi. . . 1510
36. Claude de Mondor,
chanoine et comte
de Lyon. 1523
37. Jacques II Dufaur,
abbé de la Chaise-
Dieu. 1551

Ratier de Penne, Pierre de Lauzerte, Louis d'Izarn, Hély de Jauffroi, Claude de Mondor, chanoine et comte de Lyon, Jacques Du Faur, abbé de la Chaise-Dieu, Jacques de Villemur, François de Cardon; dans les derniers temps,

42. Alphonse d'Elbène I, évêque d'Albi. . . 1610

43. Alphonse d'Elbène II, neveu du précédent 1640

44. Louis II Manchaud. 1643

45. Jacques IV Cardon.. 1661

46. Jérôme – François de Cardon. 1691

47. Antoine de Metge. . 1717

48. Jean-Pierre de Brunet de Pujols Castel – pers de Panat, évê- que d'Ivry *in par- tibus infidelium*.. 1749

38. George d'Armagnac, cardinal - archevê - que de Toulouse.. 1564

39. Jacques III de Ville- mur. 1565

40. Pierre VII Armary. . 1597

41. Pierre VIII Mouret. 1598

49. Antoine - Alban de Druihet. 1766

50. Armand-Eustache de Druilhet , dernier prévôt de Saint – Salvi jusques au 15 décembre.. . . . 1789

(*Gallia christ.*, tome 1, p. 49 et suivantes. — Archives de la mairie d'Albi.)

en 1717, messire Antoine de Metge; et en 1749, Jean de Brunet de Castelpers de Panat, évêque d'Ivry *in partibus,* dont la mémoire est encore vivante dans les souvenirs du pays par les services qu'ils ont rendus et l'illustration de leurs familles.

Messire Antoine de Metge descendait d'Arnaud del Metge de Nérac, qui, par un acte de l'an 1258, *regnante Alphonso, comite tolosano, et Gulberto, agenensi episcopo,* fit de grands dons *a nostra dona sancta Maria et a mosenhor san Johan e a la maison e al couvent del Paradis prop del port Sant-Maria* (l'abbaye du Paradis).

La famille de cet Arnaud se divisa en trois branches : l'une alla s'établir dans le nord de la France, dans les provinces belgiques; la seconde habite l'Agenais, où elle porte aujourd'hui le nom de Du Metge; la troisième s'habitua dans le Querci, d'où elle vint dans l'Albigeois, s'allia aux meilleures maisons du pays, et produisit plusieurs magistrats et officiers distingués. La grand'mère du fameux navigateur Lapérouse appartenait à cette famille (1).

M. le chevalier Alexandre du Mège, l'un des plus savants archéologues de France, en descend aussi.

Messire Antoine de Metge, nommé prévôt de la collégiale de Saint-Salvi en 1717, fit d'immenses sacrifices pour l'embellissement de son église. Nous donnerons plus tard le détail des travaux qu'il entreprit et réalisa dans cet édifice.

Il mourut le 5 février 1749, et fut enseveli dans l'intérieur du cloître, devant la chapelle dite de Saint-Salvi. Un mausolée en marbre

(1) Additions et notes à l'*Hist. génér. de Languedoc*, tome I, p. 462.

noir, où furent gravées ses armes avec une épitaphe, distinguait la tombe du prévôt. Ce monument a été détruit pendant la Révolution.

Jean-Pierre de Brunet de Pujols Castelpers de Panat était descendant de l'ancienne famille de ce nom, qui jouissait dans le Rouergue, l'Agenais et l'Albigeois d'une haute illustration. Il était fils du vicomte de Panat et de dame Marie de Toulouse-Lautrec, et fut nommé évêque d'Ivry *in partibus* en 1740. Il fut sacré à Paris en cette qualité par Mgr de Castries, son parent, alors archevêque d'Albi, qui l'avait choisi pour son grand-vicaire. En l'absence de l'archevêque et après sa mort, pendant la vacance du siége, comme aussi sous le règne de Mgr de Larochefoucauld, successeur de ce dernier, il remplit toutes les fonctions épiscopales dans le diocèse d'Albi. Le 1er février 1749, il prit possession de l'emploi de prévôt de Saint-Salvi, qu'il occupa jusqu'à sa mort, qui eut lieu le 19 juillet 1766.

Il fut inhumé au cloître de Saint-Salvi (1), au tombeau de la famille placé au-dessous d'une des chapelles de l'église, aujourd'hui dédiée à saint Jérôme.

Là fut enseveli en 1775 (2) son frère Joseph de Brunet de Castelpers, onzième du nom, comte de Panat, vicomte de Cadars et de

(1) 1766, 19 juillet, a été enterré dans le cloître de Saint-Salvi Mgr Jean-Pierre de Brunet de Pujols Castelpers de Panat, évêque d'Ivry *in partibus*, prévôt du chapitre de cette église, décédé cejourd'hui, âgé de soixante-cinq ans (Extrait des registres de la mairie d'Albi).

(2) L'an 1775 et le 16 avril a été enterré dans le cloître de cette église haut et puissant seigneur Joseph de Brunet, comte de Panat, chef d'escadre des armées navales, chevalier de l'ordre royal et militaire de Saint-Louis, époux de haute et puissante dame Marie-Françoise de Larochefoucauld, décédé le 14 avril, âgé d'environ soixante-neuf ans (Extrait des registres de la mairie d'Albi).

Peyrebrune, baron de Pujols, né en 1704, chevalier de l'ordre de Saint-Louis, chef d'escadre, doyen des officiers généraux de la marine, qui avait épousé, en 1750, Françoise-Marie de Larochefoucauld-Langeac, sœur du cardinal de Larochefoucauld, alors archevêque d'Albi, décédée à Albi en l'année 1804. — Une pierre sépulcrale placée sur son tombeau, avec une inscription, et surmontée des armes de sa famille, a été détruite durant la Révolution (1).

Il en a été de même des autres monuments renfermant les restes des chanoines et des

(1) Le comte de Panat fut le père de Léopold de Brunet Castelpers, chevalier de Panat, né le 14 septembre 1762, contre-amiral, chevalier de Saint-Louis, secrétaire général de l'amirauté de France, décédé à Paris le 22 janvier 1834 ;

Et de Dominique-François de Brunet de Castelpers, marquis de Panat, né le 30 août 1752, premier député de la sénéchaussée de Toulouse en 1789, mort à Londres en 1795.

dignitaires de l'église qui avaient leur sépulture dans le cloître. Des pierres chargées d'inscriptions indiquaient les tombeaux de ceux qui y avaient été inhumés.

Il n'existe plus que deux inscriptions qui, placées sur le mur de l'église dans l'intérieur du cloître, ont échappé à la destruction.

On voit encore, en effet, dans ce mur, à la hauteur de trois mètres au-dessus du sol, un petite pierre avec cette inscription :

« Anno domini millesimo ducentesimo quin-
» quagesimo primo, sextâ kalendarum no-
» vembris, obiit benedictus dominus *Nati*,
» canonicus reverendissimus sancti Salvii,
» cujus anima requiescat in pace. »

Plus haut et au-dessus d'une fenêtre de l'église on lit :

« Anno domini M.CCXVI. XII. K. octobris
» obiit Raimundus Or. *Vical* †. presbyterus,
» canonicus. R. sancti Salvii. »

Telle fut l'abbaye dont nous venons d'esquisser l'histoire. Elle donna naissance à l'église et aux édifices qui en dépendent.

Le passé de l'église de Saint-Salvi présente trois phases différentes : l'église ancienne et primitive ; celle qui fut construite au dixième siècle ; enfin l'église actuelle dont l'origine remonte vers le milieu du treizième siècle.

IV.

L'ÉGLISE PRIMITIVE.

L'ancienne église, qui dans son origine occupait la place de l'église actuelle, était
dédiée à saint Saturnin (1). Le glorieux mar-
tyre du premier évêque de Toulouse avait jeté
un grand éclat dans cette partie des Gaules

---

(1) *Hist. génér. de Lang.*, tome I, p. 287. — Additions et
notes à l'*Histoire générale*, par M. Du Mège. — *Chroniques
albigeoises*, vie de saint Salvi.

où son culte fut l'objet de la vénération des
peuples. Cet édifice sacré était situé entre le
clocher et le monastère ; et il ne resterait aujourd'hui de ce sanctuaire antique que quelques substructions, qui auraient disparu sous
les efforts des hommes ou la main du temps,
si un dépôt précieux n'eût été placé au sein
de ces débris que les siècles ont respectés.

La tradition la plus ancienne, avec les documents historiques, s'accordent à dire que
saint Salvi trouva sa sépulture au-dessous de
l'autel consacré à saint Saturnin, dans le lieu
même où se trouve aujourd'hui l'autel princi-
pal de l'église actuelle (1). A travers les vicissitudes et les changements qui ont tourmenté
les lieux qui servirent de place à l'ancienne
abbaye de Saint-Salvi et à l'église dépen-

(1) *Hist. génér. de Lang.*, tome I, p. 287. — *Gallia christ.*,
p. 49. — *Chroniques albigeoises.*

dante de ce monastère, on éprouve un sai-
sissement religieux et profond en visitant ce
réduit antique en forme de caveau que la tradition signale comme le lieu vénéré où furent
déposées, vers la fin du sixième siècle, les
dépouilles du saint évêque d'Albi. Cet édifice
est de forme circulaire de quelques mètres
de circonférence. En face se présente une maçonnerie pleine, en forme de *tumulus*, qui re-
couvre le tombeau où son corps avait été
déposé. Ces constructions accusent une haute
antiquité, et tout autour on découvre encore,
à la hauteur d'appui, d'antiques peintures
murales, qui ne sont autre chose que la croix
de Toulouse, reproduite dans un encadrement
circulaire avec ornements qui indiquent l'en-
fance primitive de l'art.

Ce serait au sixième siècle que nous de-
vrions faire remonter l'origine de cette construction, si saint Salvi vivait à cette époque et

s'il fut inhumé dans ce lieu. Or, on peut éclairer ces origines par la recherche et l'étude
comparée des documents historiques qui ont
échappé au temps.

Saint Salvi vivait vers la fin du sixième siècle. Il était le contemporain et l'ami de Grégoire de Tours, dont le témoignage seul a une
incontestable autorité (1). Les doutes que
quelques historiens peu autorisés ont élevés
sur les circonstances de la vie et l'existence
même de ce saint prélat, n'ont servi qu'à
donner à ces faits un caractère de vérité historique qui ne permet plus la discussion.
Charles Cointius, prêtre de la congrégation
de l'Oratoire, avait cru pouvoir soutenir dans
ses *Annales ecclésiastiques* que les chapitres de
l'*Histoire des Francs*, dans lesquels mention
est faite de saint Salvi, étaient apocryphes,

(1) Grégoire de Tours, lib. VII. — *Annales* de Baronius.

et il voulut faire honneur à un évêque d'A-
miens, du nom de *saint Sauve*, des faits attribués à l'évêque d'Albi. Mais le célèbre béné-
dictin dom Théodore Ruinart (1) a démontré
la fausseté de cette assertion dans sa savante
discussion sur les œuvres de saint Grégoire
de Tours, et a prouvé par le rapprochement
des dates et des lieux qu'on ne pouvait attri-
buer à l'évêque d'Amiens les faits qui se rap-
portent à saint Salvi, tels que sa présence au
concile de Braine, la dévastation et la prise
de la ville où il siégeait, par le général Mommole, évènements qui ne peuvent s'être produits du temps où vivait saint Sauve, c'est-à-
dire plus d'un siècle après l'époque où ils
se passaient.

Saint Salvi aurait cessé de vivre en l'année

---

(1) *Præfatio historiæ Francorum Gregorii turonensis*, par
dom Ruinart, n° 118.

584 ou l'année suivante, et c'est dans l'église
et sous l'autel consacré 'à saint Saturnin qu'il
fut inhumé. Cette ancienne tradition n'était
pas néanmoins sans contestation avant la
découverte de son tombeau. Quelques-uns pen-
saient que son corps avait trouvé sa sépulture dans l'abbaye de Vieux, ancien monastère du diocèse d'Albi, que saint Salvi avait
visité pour y honorer la mémoire des saints
Eugène et Amaraud et de sainte Carissime,
dont les reliques étaient vénérées dans ce lieu.
Mais la découverte de son tombeau est venue
confirmer l'antique croyance et révéler à tous
le lieu où reposait le saint évêque d'Albi.
L'histoire de son invention est racontée en
style simple et naïf dans l'ancien cartulaire de
l'église d'Albi, dont la pièce originale, comme
tant d'autres monuments précieux, a été
perdue, mais qui nous a été transmise par

les livres liturgiques de cet ancien diocèse (1).

« Le sépulcre de saint Salvi, placé au-des-
» sous de l'autel de saint Saturnin, avait été
» recouvert d'un amas considérable de pier-
» res, pour le préserver contre les chances
» d'un enlèvement ou d'indiscrètes recher-
» ches. Lorsque, en l'année 1194, le reli-
» gieux, auquel la garde de l'église et de ce
» précieux dépôt était confiée, cédant à une
» inspiration intérieure, résolut en lui-même
» de faire rendre à la terre ce trésor caché,
» il confia ce pieux projet à un habile tail-
» leur de pierre sur la foi duquel il comptait,

(1) Proprium sanctorum eccles. albiensis die VIII octobris in
festo translationis corporis S. Salvii, albiensis episcopi (*Ex chartâ
albiensi : Orta est olim dubitatio.....*).

L'histoire de la découverte des reliques de saint Salvi étant à
notre avis l'irrécusable preuve de l'antiquité et de l'origine de
l'église qui lui fut consacrée, nous avons cru devoir la rapporter
tout au long, ainsi que les faits qui en furent la suite.

» et lui demanda son concours. Aidés par le
» préposé aux portes de l'église, ils se mirent
» à l'œuvre sans se laisser rebuter ni par le
» nombre ni par le poids des matériaux dont
» ils eurent à soulever la masse. Plus soute-
» nus par le zèle qui les animait que fati-
» gués par le travail auquel ils s'étaient sou-
» mis, ils firent plus en quelques heures que
» dix hommes n'auraient pu faire. Bientôt
» leur ardeur fut encouragée : une urne de
» terre, placée aux pieds du tombeau, est
» frappée et brisée par l'instrument de fer
» qu'ils emploient ; de son sein s'échappe une
» odeur d'aromates et de parfums qui leur
» annonce qu'ils ont atteint le but de leurs
» efforts ; ils approchent la lumière et recon-
» naissent les reliques des saints qu'elle con-
» tenait ; et lorsqu'ils ont trouvé le tombeau
» que recherchait leur piété, ils rencontrent
» dans le côté opposé deux autres urnes pleines

» aussi des cendres de divers saints. Averti de
» la découverte du précieux dépôt, le VIII des
» ides d'octobre de l'année 1194, Mgr Guil-
» haume-Pierre, évêque d'Albi, procéda à
» l'ouverture solennelle du tombeau de saint
» Salvi, au milieu des hymnes et des canti-
» ques, en présence du prévôt, de l'abbé de
» Candeil, des chanoines de la cathédrale et
» de l'église collégiale, et d'un grand concours
» de prêtres appelés à cette auguste cérémonie.
» Le corps de saint Salvi, mis à découvert, parut
» à tous, clercs et laïques, dans le même état
» où il avait été mis lors de sa sépulture. Ses
» mains étaient placées sur sa poitrine, et
» l'on voyait à côté de lui, quoique réduite
» en poussière, la crosse ou bâton pastoral,
» signe de la dignité dont il avait été revêtu...»

Là se borne le narré officiel de la découverte du corps de saint Salvi, tel qu'il avait
été extrait des cartulaires de l'église d'Albi.

De précieux documents viennent le compléter et l'étendre.

Les restes de saint Salvi, extraits de son tombeau, soigneusement recueillis dans quatre châsses de bois, furent placés en une cuve de pierre disposée à cet effet au-dessous de l'autel, consacré alors à saint Saturnin. Dans une autre cuve de pierre et sous le même autel furent aussi placées les trois urnes de terre qui avaient été trouvées à côté du tombeau du saint évêque.

Un authentique, laissé au milieu de ce précieux dépôt, attestait la découverte de ces reliques (1).

Le chef du saint évêque en fut retiré et placé dans un buste d'or qui a été conservé jusques à l'époque de la Révolution. C'était

(1) *Chroniques albigeoises*, à l'art. Guilhaume-Pierre, évêque d'Albi, année 1194.

un monument du plus grand prix et de la plus
vénérable antiquité, gage de la piété d'un
comte de Toulouse, nommé *Raymond;* mais
on ignore quel est le comte de ce nom qui fit
ce présent. Une inscription que l'on lisait sur
ce riche et précieux reliquaire, destinée à
constater le nom du donateur et l'époque de
ce don, avait été en partie détruite par la
suite du temps (1). Cependant, si on remonte

(1) Ut ut sit, insignis semper fuit ecclesia sancti Salvii ubi
primi albienses episcopi sunt sepulti. Inter quos sanctus Salvius cujus sacræ reliquiæ integræ ibidem adhuc servantur : caput
in capsâ pretiosissimâ et vetustatis venerandæ includitur quæ à
Raymundo tolosano duce, ut constat ex inscriptione injuriâ tempo-
rum pene abrusâ, fuit concessa : arcam vero quâ teguntur ossa
et cineres dedit Ludovicus de Ambosiâ, episcopus albiensis. (*Gallia
christ.*, tome I, p. 49, sub titulo : abbatia sancti Salvii albiensis).
— Les Bénédictins ont publié cet ouvrage en 1715. — Louis
d'Amboise occupait le siége d'Albi de 1473 à 1503.

L'*Hist. génér. de Lang.*, tome II, p. 72, fait une narration
semblable. — Cette histoire fut publiée en 1733.

les siècles et que l'on consulte l'histoire, on
doit croire que cette châsse fut donnée par
Raymond VI, fils du comte Raymond V et de
Constance, fille du roi Louis-le-Gros, qui suc-
céda à ce dernier en 1194, l'année même où
les reliques de saint Salvi furent découvertes.
Après lui, on ne trouve plus de comte de
ce nom que Raymond VII, dernier comte de
Toulouse, en 1222, qui gouverna ce comté,
longtemps après leur invention.

Trois siècles plus tard et en l'année 1496,
une reconnaissance solennelle de ces reliques
fut faite par Louis d'Amboise. Ce prélat était
frère du cardinal Georges d'Amboise, et son
règne fut marqué par de grandes choses.
C'est à cet évêque que l'on doit le chœur de
Sainte-Cécile, le portique en pierre qui donne
entrée à l'église, la construction du clocher;
Il fit la consécration de sa cathédrale le 22
avril 1480. C'est encore ce prélat qui fit bâ-

tir la chapelle de Combefa, ancien séjour des évêques d'Albi, qu'il orna de vitraux et de statues dans le genre de celles dont il avait décoré sa cathédrale.

C'est ce même Louis d'Amboise qui, en l'année 1498, fut appelé à remplir une grande mission. Sa réputation de science et de vertu étant parvenue jusqu'à Rome, le pape Alexandre VI le nomma commissaire, conjointement avec Ferdinand, évêque de Ceuta, portugais, et le cardinal Philippe de Luxembourg, évêque du Mans, pour examiner la validité du mariage du roi Louis XII avec Jeanne de Valois. On sait que le volume qui contient les actes de la dissolution de ce mariage est déposé à la bibliothèque d'Albi. Ce manuscrit est d'un grand intérêt comme monument historique, quoiqu'il n'offre que des copies collationnées sur les originaux par les notaires présents à cette fameuse procédure.

Louis d'Amboise, qui joignait à de grandes vues et à un esprit créateur une vérita-
ble piété, professait pour les reliques des
saints une vénération profonde. Il fit transporter dans sa cathédrale, de l'abbaye de Vieux où
elles reposaient depuis les premiers siècles,
les restes de sainte Martiane, des saints Ama-
rand, Eugène et Vindemial, tous trois venus
d'Afrique et morts dans ces contrées, les
plaça dans des châsses d'argent et leur rendit les plus grands honneurs.

Enfin il procéda à la reconnaissance de celles
de saint Salvi le 1er avril 1496, sur le vœu qui
lui fut exprimé par Dardé d'Izarn, alors prévôt de cette collégiale. Les restes du saint
évêque, trouvés intacts dans le dépôt où ils
avaient été placés par Guilhaume-Pierre, en
l'année 1194, furent mis dans une châsse
d'argent d'une grande richesse qu'il avait fait
ouvrer à Paris à cet effet. Cette châsse, ainsi

que celle qui avait été donnée par le comte
de Toulouse, furent portées en triomphe, le
4 avril suivant, dans une procession solennelle
par les chanoines de Sainte-Cécile et de
Saint-Salvi, au milieu d'un grand concours de
religieux et de fidèles accourus à cette solen-
nité (1).

(1) *Chroniques albigeoises*, à l'article de l'évêque Louis
d'Amboise.

Ces chroniques donnent les détails les plus circonstanciés et les
plus minutieux de cette cérémonie.

« Le vendredi saint, 1er jour du mois d'avril de l'année 1496,
l'évêque Louis d'Amboise, à la réquisition de Dardé d'Izarn, prévôt de Saint-Salvi, accompagné de ses aumôniers et autres ecclésiastiques, s'en alla à l'église de Saint-Salvi, et auparavant qu'il
fût au grand autel appelé de Saint-Sernin, et au-dessous d'icelui,
il trouve une cuve de pierre servant de tombeau, couverte et fermée,
dans laquelle il y avait quatre petits coffres de bois bien fermés,
où reposait le corps du glorieux saint Salvi, évêque d'Albi ; des-
sous ce tombeau il trouva encore une autre cuve de pierre, dans
laquelle il y avait trois *vènes* de terre pleines de poudres de saints,

Enfin une troisième reconnaissance des reliques de saint Salvi a eu lieu en l'année 1725 par M. de Metge, alors prévôt de cette église.

Ce vénérable dignitaire du chapitre avait eu la généreuse pensée de faire des restaurations à l'église dont il était le prévôt. L'ancien autel devait être remanié et reconstruit. Mais

et un petit papier où était écrit que l'année 1194, qui est trois cent quatre ans auparavant, le corps dudit saint Salvi avait été levé de son sépulcre et mis en l'état que l'on l'avait trouvé dans lesdits quatre coffres, par Guilhaume-Pierre, jadis religieux dudit Saint-Salvi et ensuite évêque d'Albi; et de sorte que le 4 avril suivant, qui fut le lundi d'après Pâques, un père cordelier, qui avait prêché le carême dans Albi, fit un docte sermon à l'église Saint-Salvi. L'évêque d'Albi y célébra la grand messe et mit lesdites reliques dans des caisses d'argent, lesquelles furent portées en procession par la ville par les chanoines de Sainte-Cécile et de Saint-Salvi, où assistèrent toutes les maisons religieuses, paroisses, magistrats et peuple d'Albi. Plusieurs étrangers y accoururent de toutes parts : entre autres, le baron d'Aubigeoux;

en exécutant son pieux projet, qui amenait des
changements dans la disposition des lieux, il
voulut honorer les cendres des saints placées
dans les urnes dont la découverte avait eu
lieu, ainsi que ce qui était resté des dépouilles de saint Salvi, après que Louis d'Amboise
avait déposé dans la châsse d'argent les reliques du saint évêque. Il fit disposer à cet

frère dudit évêque, madame sa femme et la dame de Clermont,
sœur aussi dudit évêque, un moine noir, fils aussi d'une autre sienne
sœur, nommé frère Pierre Dauzets, lequel bâtit et fonda l'ermi-
tage de la forêt de Valence, le prévôt Dardé d'Izarn, l'abbé de
Candeil, l'archiprêtre de Lautrec, et autres personnes de considé-
ration. La foule était telle par la ville où passèrent les saintes
reliques et dans l'église où elles furent exposées tout ce jour-là
qu'il y eut plusieurs disputes entre diverses personnes à cause de
la presse et incommodité qu'on y recevait, de sorte qu'ils en vin-
rent dans l'église aux mains et s'y battirent. La tête et un doigt
sont dans la caisse de vermeil doré qui est du présent dans l'église
qui porte son nom » (*Chroniques albigeoises*, à l'article de l'évêque Louis d'Amboise).

effet, au-dessous et dans l'intérieur du nouvel autel qu'il éleva, un vide destiné à recevoir les urnes trouvées par Guilhaume-Pierre.
Cet autel, qui a été conservé pendant la Révolution, existe encore, et contient ces urnes
dont l'une présente le caractère de la plus
haute antiquité. Les autres, détruites peut-
être par le temps, ont été remplacées par des
vases de terre, dont la forme ne paraît pas
accuser une ancienne origine. La tradition raconte que lorsque, pendant la Révolution,
les démolisseurs furent arrivés à ce point, ils
s'arrêtèrent saisis de respect. Un écrit, placé
à côté des urnes et qui y est encore déposé,
reproduit cette tradition.

En même temps, le pieux prévôt fit faire
une nouvelle châsse d'argent, et après avoir
ouvert l'ancienne et magnifique châsse dans
laquelle Louis d'Amboise avait mis les reliques du saint évêque, il en fit faire la recon-

naissance par M. le docteur de Ripis qui
dressa un état détaillé de toutes les parties
reconnaissables du corps du saint. Les fragments qui ne purent être distingués et dési-
gnés furent placés par lui dans une boîte de
fer soigneusement fermée et revêtue à l'intérieur d'une étoffe de soie de couleur blanche.
Deux autres boîtes du même métal furent
remplies des cendres extraites du tombeau de
saint Salvi, et le tout fut renfermé dans la
nouvelle châsse. Un *authentique*, qui constate
cette reconnaissance, vient confirmer ainsi la
vérité de la première découverte et la légiti-
mité des anciens honneurs rendus au saint
patron de l'église. Il est écrit en latin et sur
parchemin ; il porte la signature du vénérable prévôt de Metge, accompagnée d'un sceau
en cire rouge aux armes de ce dignitaire de
l'église, dont nous croyons, pour plus d'au-
thenticité, devoir donner le blason : « L'écu

» sur champ d'azur a un aigle au vol éployé,
» à une face engrêlée et abaissée, surmonté
» d'un reliquaire croisé, dont la hampe
» passe sur le champ sommé d'un chapeau à
» deux glands. »

L'une des trois boîtes en fer, celle dans laquelle les fragments du corps de saint Salvi avaient été renfermés par l'ordre de M. de Metge, a été sauvée pendant la Révolution, et on la trouve encore au-dessous de l'autel de saint Salvi. Les précieux fragments qu'elle contient sont, comme l'indique l'authentique, renfermés dans une étoffe de soie blanche, et la boîte elle-même, hermétiquement fermée, contient l'original de l'authentique que nous sommes heureux de reproduire ici (1).

----

(1) Ad memoriam reliquiarum sancti Salvii quæ in veteri argenteâ capsâ a Rº et illus. dno Ludovico d'Ambosia decimo quinto finiente seculo, albiensi episcopo datâ, fuerunt repertæ, quæque

Les diverses châsses qui contenaient les reliques de Saint-Salvi subirent le sort des choses saintes pendant la Révolution. Elles furent portées, avec tous les autres objets précieux qui avaient servi au culte, au dépôt commun destiné à les recevoir, dans une des salles de l'ancien couvent des Carmes, pour

requiescunt in istâ tam magnificâ argenteâ capsâ in honorem sancti Salvii in venustiorem formam Parisiis fabricatâ, et in templo ipsi dicato fidelium expositâ cultui, a sextâ die januarii mensis anni reparatæ salutis millesimi septingentesimi vigesimi quinti extat descriptio quæ de singulis facit mentionem...

1° reliquiæ corporis beati Salvii quarum maxime notæ magisq. integræ sunt quæ sequuntur ut per magistrum Philippum Derripis, doctorem medicum, attente recognitæ et declaratæ fuerunt, in cujusque fidem prædictus doctor in tabulariis venerabilis sancti Salvii capituli, in quibus nitu curiosissimâ describuntur, subsignatur manu propriâ. Quæ, inquam, ex his ab illo fuerunt recognitæ et declaratæ sunt, portio crani, dens unus caninus dictus maxillæ inferioris, tres portiones trium vertebrorum, os unum ex illis quæ faciunt metacorpum, os unum pedis ex illis quæ faciunt

en extraire la riche matière qui les composait.
L'on raconte que, dans le trajet, à travers l'ancien cloître de l'église, l'une d'elles, celle qui
contenait la tête du saint, donnée par Raymond, comte de Toulouse, fut dépouillée des
riches lames d'or dont elle était ornée.

La petite boîte en fer qui contient les frag-

metatorsum, septem ossa digitorum, vel manuum, vel pedum, duæ
portiones costarum, portio ossis bracchii qui dicitur radius, etc...

2o Fuerunt reperta alia multa fragmenta ossium dicti sancti
Salvii diversarum corporis partium quæ propter vetustatem aut
cariem vix distingui potuerunt, ex quâ ossium integrorum frag-
mentorum, aut pulveris congerie constitutum fuit procul dubio
sancti Salvii integrum corpus, quæ omnia ossa honorifice in pan-
nis involuta repositæ sunt in novâ cistellâ quæ optime clausæ in
medio novæ capsæ argenteæ collocatur, et ad dexteram et sinis-
tram dictæ cistellæ ferreæ, duas alias cistellas ferreas cineribus
e tumulo sancti extractis plenas reposuimus. †.

De Metge, prévôt de Saint-Salvi.

Au bas se trouve un sceau en cire rouge aux armes du prévôt.

Collationné sur l'original.

ments de reliques dont il est question dans l'authentique de M. de Metge , a été restituée par une main pieuse avec l'authentique lui-même.

Le bras droit, mentionné dans le même authentique, fut retiré de la châsse de Louis d'Amboise qui le contenait et sauvé par les soins de M. l'abbé Chipoulet, qui était ancien curé de Saint-Salvi avant la Révolution.

Ce fait est constaté par une déclaration écrite de la main de cet honorable ecclésiastique et certifiée par M. de Boyer-Danti, ancien vicaire général du diocèse à l'époque de la restauration du culte ; elle a été insérée pour servir d'authentique et scellée dans la châsse disposée à cet effet par M. Cayzac , curé de Saint-Salvi, et aujourd'hui vicaire général du diocèse d'Albi ; foi pleine et entière est due à cette affirmation. M. Chipoulet, prêtre de vénérable mémoire, échappa comme par mira-

cle à la hache du bourreau. Après une longue
détention, il sortit de la prison, où il avait été
heureusement oublié, en l'année 1797. On
rapporte que ce digne prêtre eut le courage
de rétablir, cette année même, l'exercice du
culte dans son ancienne église. Il y célébrait
l'office du saint patron, lorsqu'un agent de
l'autorité d'alors vint lui intimer l'ordre de
cesser ses fonctions.

Ainsi, la chaîne des faits dont nous venons
de faire connaître la succession, fait remonter au moins jusques à l'époque où vivait
Saint-Salvi, l'existence de l'ancienne église
qui, plus tard, a porté son nom, après que
ce saint évêque eût trouvé là sa sépulture.

Aucun vestige, aucune trace, aucun document historique, n'apprennent les diverses transformations qu'ont subies cet édifice
sacré et l'abbaye de laquelle il dépendait.
Néanmoins, la situation des lieux qu'il oc-

cupe au centre de l'ancienne ville, a dû le soumettre à toutes les vicissitudes que cette cité a éprouvées dans la suite des temps. Il suffit de porter sur ce point un œil investigateur pour se convaincre qu'il n'y eut jamais situation plus tourmentée et soumise à plus de bouleversements que la place occupée par l'église de Saint-Salvi et ses dépendances.

Déjà, vers l'année 664, la ville d'Albi avait été dévorée, et presque entièrement détruite, par un violent incendie qui consuma la bibliothèque de son église, du temps de Didon, évêque de cette ville, qui occupait ce siége la quatrième année du règne de Childéric II en Austrasie. A la suite de cet évènement, ce prélat chargea l'un de ses prêtres, nommé Perpétuus, de transcrire une collection de canons et d'autres documents ecclésiastiques que celui-ci certifie terminée, le 25 juillet de la quatrième année du règne de Childéric, ce qui

en fixe la date à l'année 664. Monument remarquable du septième siècle, ce manuscrit
s'est conservé au milieu des bouleversements
de toute sorte qui, depuis douze cents ans,
ont tourmenté la contrée. Il constate à la fois
et l'incendie dont nous venons de parler, et
l'existence de l'évêque Didon, que les auteurs
de la *Gallia christiana* n'ont pas adopté, tandis que M. de Marca (1), comme *l'Histoire
générale de Languedoc* (2), l'admet dans son
catologue, et qu'on ne peut se refuser de reconnaître d'après l'irrécusable témoignage de
ce livre. La bibliothèque d'Albi possède ce
précieux manuscrit; c'est un volume sur parchemin *in-folio,* plus respectable par son antiquité que par la manière dont il est écrit ;
il est parfaitement lisible malgré ses nom-

(1) *Concorde du sacerdoce et de l'empire.*

(2) *Hist. génér. de Lang.*, tome I, p. 349.

breuses abréviations. Le savant historiographe
Baluse s'exprime ainsi, au sujet de ce manuscrit (1) :

« Ce manuscrit, dont M. l'abbé de Camps,
à qui il appartenait en dernier lieu, avait
donné connaissance à M. Baluse, contient
plusieurs conciles, une chronique des papes,
une division de la France, et une collection
de canons qu'on croit être celle de Denys le
Petit. »

Sur l'un des derniers feuillets, on lit :

Explicit liber canonum :

Ego Perpetuus,

Quamvis indignus presbyter,

Jussus a domino meo Didone, urbis albigensium episcopo,

Hunc librum canonum scripsi post incendium civitatis ipsius.

Hic liber recuperatus fuit Domino auxiliante sub die VIII Augusti

Anno IV regnantis domini nostri Childerici regis.

(1) *Portefeuille de Baluse. Bibliothèque impériale.*

Cet incendie ne fut pas la seule tourmente qu'eurent à subir la ville et l'ancienne église de Saint-Salvi.

L'invasion des Sarrasins amena, vers la fin du septième siècle, dans le pays d'Albigeois et dans ses établissements religieux, les plus affreux bouleversements. On sait que ces Arabes, disciples de Mahomet, exaltés par le fanatisme de leur maître, s'emparèrent à cette époque de l'Afrique et de l'Espagne, au nombre de quatre cent mille hommes, pénètrèrent ensuite par la Navarre dans l'Albigeois, laissant après eux des traces profondes de leurs ravages.

La ville et le pays d'Albigeois furent un des théâtres principaux des luttes et des combats violents qui s'engagèrent à cette époque de notre histoire.

Eudes, duc d'Aquitaine, s'avance pour repousser les destructeurs fanatiques : il les

attaque avec vigueur; d'abord battu par eux,
cet échec ne le décourage pas; il leur présente une seconde bataille devant la ville de
Toulouse qu'ils tenaient assiégée, et fait mor-
dre la poussière à un nombre prodigieux de
mahométans qui se croyaient invincibles. Il
ne manquait à Eudes, qu'on dit Albigeois de
naissance, qu'un bonheur constant pour être
l'un des plus grands capitaines de son siècle,
mais il ne pouvait lutter contre le mauvais génie
des derniers maires du palais, et ceux-ci voulurent chasser les Sarrasins sans lui et malgré lui, lorsque sa politique lui persuada de
se liguer avec ces barbares. Eudes ne cher-
chait qu'à se conserver le pays d'Albigeois,
où il possédait de grands domaines, sans
compter que ce pays faisait partie de son pré-
tendu duché d'Aquitaine. Charles Martel par-
courut trois fois nos contrées l'épée à la main,
emporta sur eux une victoire sanglante entre

Tours et Poitiers, et passa par les armes trois cent mille combattants avec leur général Abdérame, qui par l'activité de sa valeur semblait doubler leurs forces et leur nombre. Les débris de leurs armées passèrent par l'Albigeois pour regagner les Pyrénées, et dévastèrent tout le pays, tandis que Charles Martel, qui était à leur poursuite, ravageait de son côté ces malheureuses contrées, brûlait les églises, dévastait les monastères : l'histoire rapporte que la seule abbaye qu'il épargna fut celle de Saint-Benoît, de Castres, par la raison qu'Alfonse, alors abbé de ce monastère, avait su gagner ce fougueux guerrier par son éloquence et les charmes qui s'attachaient à sa personne.

Un siècle plus tard, les Normands étendirent leurs ravages dans les provinces méridionales, et firent des courses au sein du pays d'Albigeois, qui fut en même temps désolé par

la famine et par une effrayante mortalité.
Charles-le-Chauve marcha sur l'Aquitaine, as-
siégea et prit Toulouse en 849 et soumit
toute cette province.

La frayeur que causa dans l'Albigeois l'ap-
proche des Normands qui avaient saccagé la
ville de Toulouse fut telle qu'une grande partie des habitants prit la fuite. Les églises et
les maisons religieuses furent pillées et dévas-
tées. Les religieux de Saint-Benoît, de Castres, abandonnèrent leur monastère, emportant
avec eux les reliques de saint Vincent, et se
réfugièrent à Valderiès, où Ermengaud, comte
d'Albi, avait réuni des troupes nombreuses.

Tous ces évènements, dont l'Albigeois fut le
théâtre, expliquent la ruine des anciens cou-
vents de cette contrée et les transformations
dont l'abbaye et l'église primitive de Saint-
Salvi ont été l'objet. Aussi, si l'on remue le
sol autour duquel le nouvel édifice a été con-

struit , on trouve partout des vestiges de substructions anciennes, et le plateau qui l'environne de toutes parts est couvert d'un lit de cadavres.

Mais l'histoire ne nous dit pas ces transformations, et c'est seulement après la fin de ces tourmentes qu'un document de l'année 942 vient nous révéler une phase nouvelle pour l'église de Saint-Salvi.

V.

NOUVELLE ÉGLISE DE SAINT-SALVI

AU DIXIÈME SIÈCLE.

Un acte d'une grande importance, qui a échappé au temps, vient éclairer l'origine de la nouvelle église de Saint-Salvi, reconstruite vers le milieu du dixième siècle.

En l'année 942, Raymond et Aimeric donnent à l'évêque Miron, qui occupait alors le siége d'Albi, et à Gaubert, abbé du monas-

tère, pour y construire une église en l'honneur de saint Salvi, le plateau où elle a été
bâtie (1).

D'après cet acte, le terrain concédé s'éten-
dait au midi et à l'est jusqu'au bas du monti-
cule, tandis qu'à l'ouest il était borné par une
propriété privée, et au nord par la paroisse
de Sainte-Martiane. Cette charte, extraite
des cartulaires de saint Salvi, constate la concession et ses limites (2).

(1) Miro... in ejusdem manus Raymundus et Aimericus cedunt
alodem ad construendam ecclesiam sancti Salvii (942) (*Gallia
christ.*, tome I, p. 7). — Gaubertus abbas sancti Salvii in dona-
tione Raymundi et Aimerici facta in manu Mironis episcopi (*Gallia
christ.*, tome I, p. 49).

(2) De Mirone, episcopo albiense pro s^{to} Salvio. — Ex cartul.
sancti Salvii, anno 942.

Multum declarat auctoritas et lex romana, et gotha, sive salica,
ut qualiscumque homo res suas proprias in Dei nomine licentiam
habeat vel donandi vel cedendi. Quapropter in Dei nomine Ray-

. C'est sur ce périmètre, dont les bornes sont fixées dans cet acte, que fut élevée, en l'honneur de saint Salvi, la nouvelle église, qui n'est pas encore celle qui existe de nos jours. Il ne reste de cet ancien édifice qu'une partie des murs extérieurs des chapelles, et notamment la grande porte latérale du genre roman, les chapelles dites de Saint-Jean et de Notre-Dame dont les constructions ont été coordonnées et

mundus et Aimericus cedimus vel donamus domino Deo et sancto Salvio, albiensi episcopo..... alode in pago albiense in manu Mironis episcopi, in tali vero ratione ut Mirus episcopus et Gaubertus abbas cum clericis sancti Salvii faciant ecclesiam in honorem sancti Salvii in ipso alode; et sit ipsa ecclesia in suo honore, omni tempore, in communia sancti Salvii cum suas adjacentias et cum ipsas fines, de vas meridie adjacentia usque ad gutta adcurrente; de vas oriente ad gutta de aliâ parte..... usque ad honorem Mafredo de aliâ parte, usque ad parochia sanctæ Martianæ, etc... (*Gallia christ.*, instrumenta, p. 3, col. 2. — *Hist. génér. de Lang.*, tome II., p. 72, preuves, p. 85).

fondues dans le nouveau monument élevé quelques siècles après.

Il y a tout lieu de croire que l'église bâtie au dixième siècle affectait les dimensions et les formes extérieures de l'église actuelle; mais cet édifice, à peine commencé, avait dû subir des interruptions et des points d'arrêt qui n'avaient pas permis de le développer dans toute son étendue, et avait porté l'élévation de ses murs d'enceinte à la hauteur seulement des chapelles actuelles.

Ce n'est pas que le zèle et la foi d'alors n'eussent pu suffire à mener à bonnes fins une entreprise déjà commencée. Les pieux projets conçus par nos pères étaient toujours suivis d'exécution; les opinions et les croyances de cette époque ne ressemblaient pas, comme celles de nos jours, à des voyageurs qui ont perdu leur chemin. Mais l'exécution de l'église de Saint-Salvi fut traversée par des évènements plus puissants que la volonté des hommes.

L'Albigeois fut durant longues années le foyer de cruelles guerres, qui ont emprunté leur nom dans l'histoire au pays qui en fut le théâtre, et devint aussi le témoin de l'anathème prononcé contre l'hérésie qui s'était produite dans son sein. Les grandes voix de saint Bernard et de saint Dominique prêchèrent dans Albi et les contrées voisines la croisade contre les hérétiques albigeois; et ce ne pouvait être à une époque où les églises et les monastères étaient dévastés et pillés que l'on pouvait songer à élever des édifices sacrés ou à les embellir.

VI.

L'ÉGLISE ACTUELLE.

Ce fut seulement vers le milieu du treizième
siècle que l'édification de l'église actuelle de
Saint-Salvi put être entreprise et réalisée.
Des indications authentiques en déterminent
l'époque.

C'est à Gailhard de Rabastens, prévôt de
l'église, que doit être rapporté l'honneur de

cette construction (1). Les archives de l'abbaye
constataient que Vivien, évêque de Rodez,
frère de ce prévôt, avait adressé, le XII des
kalendes du mois d'août de l'année 1257, une
lettre pastorale aux abbés, archidiacres, religieux et prêtres de son diocèse, par laquelle
il leur prescrivait, sous peine d'interdit, d'ex-
horter les fidèles à donner une aumône pour
la construction de l'église de Saint-Salvi d'Albi
et accordait quarante jours d'indulgence à ceux
qui défèreraient à son invitation. Cet acte im-
portant était consigné dans les archives du
chapitre de Saint-Salvi, comme il était contenu

(1) Gailhardus de Rabastens, 1227- 1263. — Hunc præpo-
situm conjicimus novæ ecclesiæ constructioni operam novasse.
Anno enim 1257, frater Vivianus, episcopus ruthenensis, litteras
scripsit hortatorias ut eleemosynas procuraret pro constructione
ecclesiæ sancti Salvii, quæ miro opere ac somptuoso inchoata
fuerat (*Gallia christ.*, tome II, p. 50, in abbatiâ sancti Salvii
albiensis.)

dans les cartulaires du diocèse de Rodez (1).

C'est donc vers cette époque que l'on doit faire remonter l'origine de l'église actuelle de Saint-Salvi.

Pour si peu que l'on scrute les détails de sa construction, il est facile de remarquer que l'architecte a coordonné les murs latéraux et une partie de l'ancien édifice avec les constructions nouvelles; comme aussi on observe au dos de l'église les chapelles de Saint-Jean et de Notre-Dame qui appartiennent à l'édifice primitif.

Les dernières voûtes de la nef sont du genre

---

(1) Anno 1257, XII kalend. augusti, Vivianus, episcopus ruthenensis, mandavit sub pœnâ interdicti, abbatibus, archidiaconis, etc., ut hortaretur populum suæ diocesis ad aliquid conferendum ædificandæ ecclesiæ sancti Salvii albiensis, concessitque 40 dies indulgentiæ iis qui aliquid erogarent (*Gallia christ.*, tome I, p. 213. Ecclesia ruthenensis).

moderne et furent élevées, en 1736, par M. de Metge. Cette précision a d'autant plus d'importance que les architectes de cette dernière époque ont assez maladroitement mêlé le style moderne à celui qui était en honneur dans les douzième et treizième siècles.

A ces précisions près, l'ensemble de l'église de Saint-Salvi appartient au treizième siècle. Sa forme est une croix latine, ses proportions sont très-bien entendues, et la nef offre un aspect majestueux.

L'entrée de l'église était autrefois placée à l'extrémité occidentale, au-dessous de l'orgue, où les traces d'un portail extérieur, remarquable sous le rapport de l'art, et dont nous aurons occasion de parler plus tard, existent encore.

Les dimensions de l'édifice, quoique parfaitement symétriques à l'œil, ne sont pas complètement régulières. Elles sont, en moyenne, les suivantes :

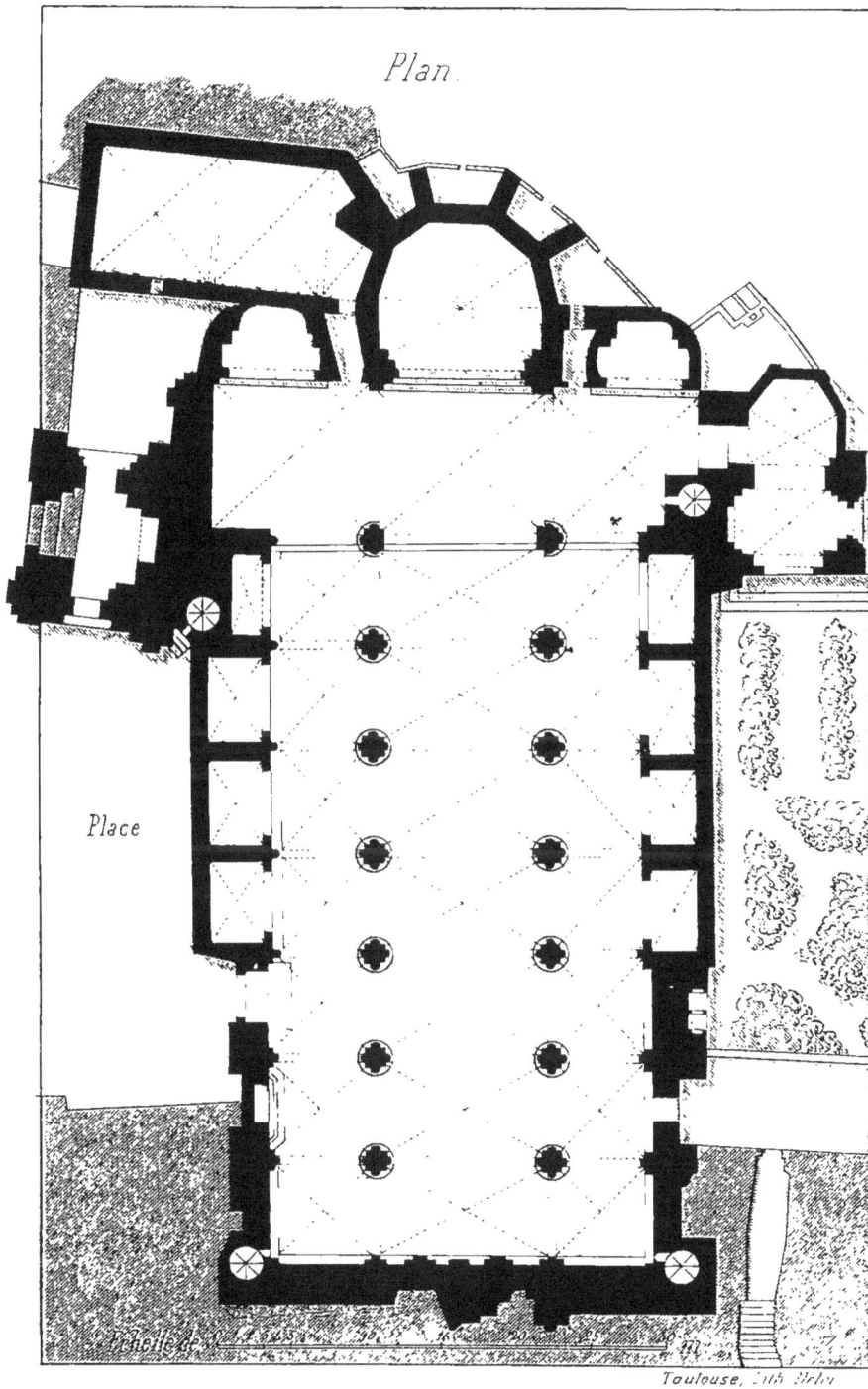

Plan.

Place

Échelle de

Toulouse, Lith. Brun

EGLISE SAINT SALVI

La longueur dans œuvre, chœur et abside compris, est de 67 mètres.

La longueur hors d'œuvre, murs compris, est de 71 mètres 70 centimètres.

La largeur des bas côtés est de 6 mètres pour chaque côté.

La largeur de l'intérieur d'un pilier à l'autre est de 10 mètres 50 centimètres.

La largeur totale comprend 22 mètres 50 centimètres.

La largeur hors d'œuvre, chapelles comprises, est de 33 mètres.

La largeur dans œuvre, chapelles comprises, est de 30 mètres.

La longueur des bras de la croix est de 31 mètres.

Les statues qui ornent le sanctuaire paraissent avoir été sculptées par les mêmes artistes auxquels on doit celles du pourtour du chœur de l'église de Sainte-Cécile. Les grands tableaux dont il est décoré retracent les diverses scènes de la vie de saint Salvi.

On voit, dans la chapelle de Saint-Jérôme, un très-beau tableau de ce saint ermite, peint par Frédon, artiste allemand, qui passa à Albi en 1676, et y laissa ce monument de son talent (1).

L'orgue de Saint-Salvi est le même instrument qui avait été placé sur le jubé de Sainte-Cécile par Louis d'Amboise. Il fut acquis par M. de Metge et transporté dans l'église, dont il était le prévôt, en 1737, époque à laquelle fut construit, par les ordres de Msgr de Castries, le grand orgue de la cathédrale. Sur le balustre en fer de l'orgue de Saint-Salvi, on lit, en effet, la date de 1737.

Deux précieuses institutions sont attachées, depuis une époque déjà ancienne, à l'église de Saint-Salvi.

(1.) *Chroniques albigeoises*, année 1676.

La première est la dévotion à saint Roch, dont le culte est populaire dans ce pays à l'occasion des ravages que la peste a produits à diverses époques dans l'Albigeois. Un vœu solennel fut fait par les consuls à saint Salvi et à saint Roch, sous le pontificat de Jean de Lorraine, cardinal et évêque d'Albi en l'année 1536. Ce vœu devait être renouvelé tous les cent ans. Il l'a été, en effet, par les magistrats de la cité le 18 août 1720, et enfin le 6 août 1820, sous l'administration de M. Clair Gorsse, qui proposa de placer, dans la chapelle de Saint-Roch, de l'église de Saint-Salvi, l'inscription suivante pour consacrer la mémoire de ces renouvellements successifs :

Votum antiquissimum in honorem S.S. Salvii et Rochi pro peste avertendâ factum a consulibus urbis albiensis;

Votum idem a consulibus ejusdem civitatis anno 1720 renovatum;

*Votum adhuc emissum et renovatum die de-
cimâ sextâ mensis augusti anni* 1820, *a præfecto et ab adjunctis præfecto urbis albiensis.*

Dans les archives de la mairie d'Albi sont
consignés les documents authentiques de la
piété de nos pères envers saint Roch, qui était
considéré comme le protecteur et la sauve-
garde de la cité (1).

Une seconde institution attachée à l'église
de Saint-Salvi, et qui n'est pas moins populaire, est la dévotion connue sous le nom
de *pardon de Jérusalem.* Cette dévotion, autrefois établie chez les religieuses de l'ordre
de l'Annonciade, du monastère de Fargues
de la ville d'Albi, par les papes Alexandre VI,
Jules II, Léon X et Paul V, transférée à

(1) Extrait des registres des délibérations de la communauté
d'Albi, années 1536 et 1720 ; — et des arrêtés et ord., année
1820.

l'église de Saint-Salvi par l'indult de notre
saint père le pape Pie VII, en date de Paris,
du 13 février 1804, par le légat *a latere*,
est établie en l'honneur de la sainte Vierge
et en mémoire des douleurs qu'elle souf-
frit au temps de la passion de Notre-Sei-
gneur Jésus-Christ ; elle consiste dans une
indulgence accordée aux fidèles qui visiteront
l'église durant la semaine de la Passion jusques aux secondes vêpres du dimanche des
Rameaux inclusivement, et elle a pris son
nom de *pardon de Jérusalem*, parce qu'elle
est établie comme imitation de la visite que
les pèlerins font à cette époque au Saint-
Sépulcre de Jérusalem. Un carton ancien et
précieux, aux armes du monastère de Fargues, conservé dans l'église de Saint-Salvi,
porte l'indication des bulles des papes qui
ont institué cette dévotion et l'époque de la
publication de ces mêmes bulles.

VII.

LE CLOCHER OU LA TOUR CARRÉE.

La tour carrée de l'église de Saint-Salvi appartient à l'architecture romano-bysantine du dixième au onzième siècle; mais on ne pourrait se prononcer sans témérité d'une manière absolue sur l'époque précise de sa construction. En effet, dans la classification des styles architectoniques des édifices chrétiens du moyen-âge, les périodes ne sont pas détermi-

nées d'une manière inflexible. Les genres se
modifient peu à peu, et l'on passe de l'un à
l'autre sans une brusque interruption. Ainsi,
les édifices fondés durant les dernières années
d'un siècle ne doivent pas offrir de grandes
différences avec ceux du siècle qui lui succède
immédiatement.

Néanmoins, si l'on considère le système de
construction de la tour de Saint-Salvi, il paraît
affecter les formes de l'architecture romano-
bysantine des époques que nous indiquons.
Son système de maçonnerie présente les plus
grands rapports avec la construction romaine
du petit appareil, formée qu'elle est avec des
pierres à peu près cubiques et quelquefois cu-
néiformes, mode qui disparaît presque complètement après les dixième et onzième siècles. La partie la plus élevée, où figurent des
colonnettes sveltes et délicates, rappelle le
style bysantin le plus pur.

La forme carrée de la tour fournit aussi une précieuse et importante indication. C'est au neuvième siècle seulement que les ouvriers, étant devenus habiles dans l'art de fondre les cloches, des tours furent élevées en même temps que les édifices auxquels elles étaient destinées. Elles étaient toutes, dès les premiers temps, écrasées et quadrilataires, surmontées d'un toit sans élégance à double égout ou à quatre pans. Les architectes plaçaient cette tour massive suivant leur caprice ou les convenances des lieux, soit au-dessus du point central des transepts, soit sur la porte principale; d'autres en faisaient une construction isolée qu'ils ne cherchaient même pas à rattacher à l'édifice. — Ici la tour carrée de l'église de Saint-Salvi aurait été construite à la partie septentrionale de l'église primitive, ou peut-être même fut-elle d'abord isolée de cet édifice.

Ces données archéologiques sont confirmées par les chroniques du pays.

La tradition veut que cette tour, placée sur le point le plus élevé de la ville, ait servi de fanal pour guider les voyageurs, lorsque, d'Albi à Toulouse, le territoire était couvert d'épaisses forêts. C'est aussi dans cette tour que, de temps immémorial, les consuls entretenaient une sentinelle pour veiller à la garde de la cité et pour donner l'alarme par le son des cloches en cas de surprise, à l'époque des guerres civiles ou religieuses qui ont pendant si longtemps désolé le pays, et plus tard en cas d'incendie ou d'évènement extraordinaire (1).

Ces traditions sont confirmées par un document authentique conservé dans les archives

---

(1) *Chroniques albigeoises.* — Massol, *Hist. de l'ancien pays d'Albigeois*, p. 35. — Archives de la mairie d'Albi.

de la mairie d'Albi. Un acte, en forme d'accord, entre le prévôt du chapitre et les consuls d'Albi, sous la date du 14 août 1387, constate les faits suivants : Les consuls étaient en jouissance *depuis cinq cents ans environ* (*a quinquaginta annis vel circa*) de la grande tour du monastère de Saint-Salvi, située du côté de l'église de Sainte-Martiane, au haut de laquelle ils avaient fait construire un petit corps-de-garde, *la gacha,* pour y placer la sentinelle qui devait veiller sur la ville. Ce corps-de-garde fut démoli par ordre du chapitre, qui s'était vu dans la nécessité d'y faire établir les choches qui étaient dans la tour placée au midi de l'église menacée d'une ruine prochaine. Les chanoines consentent à la reconstruction de la partie démolie et en livrent les clefs à perpétuité aux consuls, sous la condition qu'ils entretiendront la tour à leurs frais, et que le prévôt et le chapitre pourront y faire

transporter, pendant les orages, la croix et
les reliques de l'église (1).

(1) *Accord entre les consuls d'Albi , le prévôt et le chapitre
de Saint-Salvi au sujet de la garde du clocher. — 1387.*

Cum consules essent in possessione a quingentis annis , vel circa,
habendi et tenendi campanile seu cloquerium magnum monasterii
sancti Salvii Albie quod est a parte ecclesie sancte Martiane et in
ejus summitate unum tectum seu habitationem parvam , vocatam
la gacha , in qua unus vigil sive bada tam de die quam de nocte
esse pro tuitione et custodia civitatis. Quod dicta habitatio pro
utilitate monasterii fuerit demolita pro eo quod in quodam alio
campanile dicti monasterii essent plures campane et cimbala facta
ad honorem et servitium domini et ipsa opportuit transferri seu
mutari et collocari in dicto campanile ubi erat dicta gacha; cum
aliud campanile minaretur ruinam.

Nec non dum tempestates vel alie adversitates de die vel de
nocte insurgant, vigil sive preco existens in dicta bada, ipsas com
sono cymbale prenuntiat et ut domini sacerdotes ad portandum
supradictum campanile, sacrosanctam crucem Christi et alias sanc-
tas reliquias portent et ipsi et cunctus populus dicte civitatis et
locorum circumvicinorum ad Deum orandum excitentur; quorum
occasione dicte tempestates et perditiones fructuum componuntur,

Ce précieux document fixe toutes les incer-
titudes, et en déterminant à l'année 1387 la

et vitantur et cultus Dei et devotio populi ad Deum augmentuntur.

Dominus Guillelmus, magistri prepositus monasterii, Helias
Trota, prior, consentiunt quod dicti consules construant suis
sumptibus in uno cadro dicti cloquerii et supra partem ubi est
assensus ad cloquerium communiter vocatum Lavit, quodam turrem parvam vel aliud edificium quod eis utile videbitur ad servitium dicte gache, de qua turre consules perpetuo habeant claves,
custodiant usum et exercitium et aliter prout de alia antiqua uti
consueverant et eam teneant coopertam et minutam sicut eis pla-
cuerit, taliter tamen quod non aqua pluvialis infra dictam turrem
non intret, nec inde noceatur gradibus.

Item quod prepositus et canonici de ipsa gacha uti valeant ad
portandum supra dictam gacham sacrosanctam crucem Christi et
aliquas reliquias toties quoties erit opus ad efugandum tempestates,
quas quidem crucem et reliquias cessante tempestate, descendant
et reponant in eorum sacristia.

Item quod vigiles prepositi per consules possint denuntiare dis-
cursus latrunculorum et inimicorum et incendia cum uno de cimbalio
vel squila monasterii. Vigil jurabit in manibus consulum quod non
introducet mulieres infra cloquerium nec personas inhonestas.

(Copié textuellement : Archives de l'hôtel de ville d'Albi.)

date précise de la construction de la partie
supérieure du clocher bâtie en brique (1), épo-

(1) *Exhaussement du clocher de Saint-Salvi.* — *1387*.

L'an M.CCC.LXXXVII et lo... del mes d'aost, Moss^r Guilh.,
maestre prebost de S. Salvi, et Moss^r P. Marlhac, prior de S.
Africa; Moss^r R. de Gaugas, prior de Monsalvy; Moss^r B. de
Nesplau, prior de Cambo; Moss^r B. Gauzi, prior de Conils;
Moss^r Bertomieu Canchauzie, canonge; M. G. Ratier, canonge;
M. Bertrand Causieiras, sagresta, M. Duran Vernhas, canonge,
totz essemps, reconogro et conventero que la vila a tostempo
acostumat de tener et estar la bada cominal sus lo cloquier de S.
Salvi loqual es davant la glieya de S. Martiana, et mai fo ordinat
el acconventat que la vila deu far a son cost la tor parten de sus
lo cloquier de la hon estan los sehns en sus, en comensan sobre
la tor de Lavit entre 11 escalos sus lo pol desus la cuberta del dich
cloquier et sobre aquels 11 escalos una gacha coma estia la gacha
cominal. Et aquesta carta fo facha en presentia de Moss^r de Bona,
senhor Dautpol, et de M. de Labestor et den G. Galaup, et en presentia de Mrs Gailhart Golfier, Duran Daunis et dels senhors cos-
sols que eron alaras. E. M. Johan de Montalazac et M. Izarn de
Lieus, notaris, lan el dia desus (Archives de l'hôtel de ville d'Albi).

que constatée, d'ailleurs, par les registres de la mairie de ce temps, il établit la haute anti-quité de la tour carrée de Saint-Salvi dont il fait remonter l'origine à *cinq siècles environ* avant cette époque.

Ces faits bien appréciés paraissent détermi-ner le temps de la construction des différentes parties du clocher de l'église de Saint-Salvi, et doivent mettre à même de juger les diver-ses appréciations qui en ont été faites.

Si l'on est conduit à reconnaître que les substructions et la partie basse de ce monu-ment remontent à une époque très-reculée, qui peut être attribuée au dixième ou au onzième siècle, on ne peut admettre, avec l'auteur de l'*Histoire de l'ancien pays d'Albigeois* (1), qu'on puisse en fixer l'origine au septième ou

_____

(1) *Histoire sur l'ancien pays d'Albigeois*, par M. Massol, p. 35 et 36.

au huitième siècle, et bien moins encore que les
pilastres, les colonnes, les chapiteaux et les
frises dont elle est ornée soient de mauvais
goût. Ce jugement est contraire à celui de
tous les archéologues bien autorisés (1) qui
ont eu à apprécier ce morceau curieux d'architecture. Ces colonnettes, au fût grêle et dé-
licat, accusent une construction postérieure aux
septième et huitième siècles, et indiquent le
règne du genre bysantin le plus pur. Le style
en est d'ailleurs élégant et gracieux; il ne
peut appartenir à une période architecturale
où les anciennes formes n'appelaient pas encore la pureté dans les lignes, la légèreté dans
les contours, qu'on admire dans cette œuvre.

(1) Additions à l'*Hist. génér. de Lang.*, par M. le chevalier
du Mège, tome I, p. 462. — *France pittoresque*, tome II. —
Aperçu statistique de la France, par Girault de Saint-Fargeau,
département du Tarn, p. 5.

VIII.

MUTILATIONS. — RESTAURATIONS.

Une longue et douloureuse page est réservée d'ordinaire, dans la description des monuments religieux, aux mutilations que l'impéritie ou les passions des hommes ont fait subir aux chefs-d'œuvre de l'art chrétien. Ici nous avons peu de désastres à déplorer. L'église de Saint-Salvi, destinée, durant la Révolution, à un service public (1), fut sauvée de la destruction. Des mains pieuses et de généreux sacrifices ont réparé les dégradations dont elle fut l'objet à cette époque. Il serait à désirer que le sentiment des arts eût toujours dirigé le zèle de ceux qui ont présidé à sa restauration. Au lieu de ces peintures grotesques, de ces badigeonnages de couleurs diverses, une teinte uniforme couleur de pierre eût été plus en harmonie avec les matériaux qui la composent, le style et le genre de sa construction. A cela près, on ne peut qu'applaudir, en

(1) Elle fut employée à servir de dépôt de fourrage pour la troupe. Sans cette destination elle aurait subi le sort de cinq autres églises qui tombèrent sous le marteau des démolisseurs, dans la ville d'Albi, à savoir, Sainte-Martiane, Saint-Afric, Saint-Julien, Saint-Etienne et Sainte-Marie-Magdelaine, sans y comprendre les églises, remarquables pour la plupart, de six communautés religieuses, qui eurent le même sort que les maisons pour lesquelles ces édifices avaient été construits.

général, aux réparations dont cet édifice a été l'objet.

A l'intérieur, l'église de Saint-Salvi réclamerait d'utiles et importantes restaurations. Nous n'avons pas à nous préoccuper de l'urgente réparation des toitures, dont le déplorable état laisse pénétrer les eaux pluviales jusque dans l'église même et menacerait les voûtes d'une inévitable ruine; la sollicitude de l'administration excitée a suffi seule pour faire cesser cette situation qui touche de si près à la conservation du monument.

Il est une préoccupation d'un autre genre qui doit appeler l'attention des amis des arts : l'église de Saint-Salvi est environnée sur plusieurs points de constructions qui l'obstruent et la déshonorent, et c'est avec un pénible sentiment qu'on voit accolés aux murs de cet édifice quelques réduits ignobles et des habitations particulières. Sans doute, un pas a été

fait vers un meilleur ordre de choses, lorsque, il y a peu d'années, l'administration municipale a acquis l'ancien cloître, morceau
précieux de l'art antique qui forme aujour-
d'hui une dépendance de l'église; mais il
faudrait marcher en avant dans cette voie en
dégageant le rond-point extérieur du côté de
l'est des constructions qui le dégradent, et la
tour carrée du clocher des habitations particulières qui en cachent la base et dérobent à
la vue l'aspect de la partie supérieure de l'une
de ses faces si artistiquement construite, et de
l'ensemble d'un des plus curieux et des plus
anciens fragments de l'art chrétien dans le
midi de la France. Cette tour ainsi dégagée
serait pour la ville elle-même un de ses plus
remarquables ornements. Placée sur la grande
rue en voie d'exécution qui doit former la
principale artère de la ville de l'est à l'ouest,
le dégagement de cette partie de l'église de

Saint-Salvi va être opérée par la réalisation
même de ce projet, et nous pouvons affirmer
sans témérité que ce ne serait pas en vain
qu'il serait fait un appel, dans ce but, à la
généreuse munificence du gouvernement qui
a classé l'église de Saint-Salvi, laquelle comptait autrefois parmi les églises insignes de la
chrétienté (1), au nombre des monuments
historiques dignes de son attention et de son

(1) Qualification donnée par le droit canonique à certaines églises
considérables. Il paraît que le titre ou la qualification d'église
insigne n'est appliquée aujourd'hui qu'à certaines églises collégiales qui, ne participant pas aux honneurs et prérogatives des églises
cathédrales, se prétendent cependant, soit à cause du grand nombre d'ecclésiastiques qui les composent ou de la grandeur de leurs
revenus, supérieures à d'autres églises collégiales dont les chanoines ne sont ni en si grand nombre ni si bien rentés. Barbasa
nous apprend que ce sont là les seules marques de l'insignité
d'une église collégiale et qu'il n'y a à cet égard aucune règle
certaine (*Dictionnaire du droit canonique*; par M. Durand de
Maillance, avocat au parlement d'Aix. Lyon, 1787).

patronage. Cette restauration est aussi facile qu'inévitable.

Mais il est un autre trésor caché, que ce monument recèle, dont la mise au jour serait d'un grand intérêt pour la glorification de l'art.

Un portail extérieur formait, dans les premiers temps, l'entrée principale de l'édifice à l'ouest. Un degré conduisait à un perron orné d'une riche façade à quatre grandes portes cintrées, dans le style, moitié lombard, moitié roman, dont l'ensemble forme un des plus beaux fragments de l'architecture du moyen-âge. Ce portique est masqué par des habitations particulières, et il faut pénétrer dans l'intérieur de ces maisons pour apercevoir, dans les parties restées à découvert, les détails de cette curieuse architecture. Une étude attentive a permis d'en réunir et d'en retracer l'ensemble.

Façade coté de la rue.

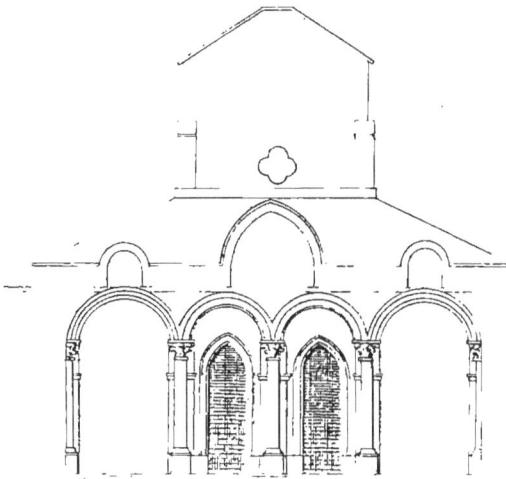

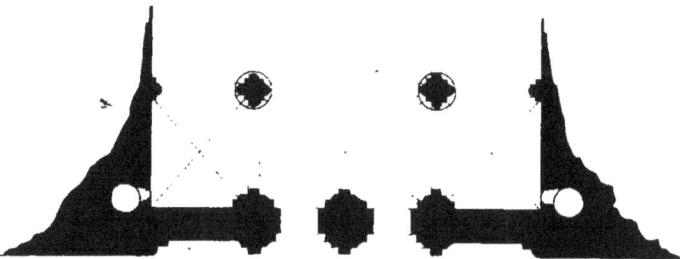

EGLISE SAINT SALVI

L'emplacement de ces maisons, comme aussi de toutes celles qui sont adossées à l'église, fut vendu, en 1364, par le chapitre de Saint-Salvi pour la rançon du roi Jean fait prisonnier en Angleterre (1). Cette vente désastreuse ne pouvait être autorisée que par un de ces puissants motifs qui s'élèvent à la hauteur d'une grande calamité publique. Au lieu de porter des accusations téméraires, l'on doit reconnaître qu'à diverses époques de notre histoire, le clergé de France sut se résigner aux plus pénibles sacrifices pour le salut du pays. Et certes, si l'on se reporte aux temps dont il s'agit ici, jamais sacrifice ne fut plus urgent.

Les Anglais, profitant des discordes intestines qui troublèrent les commencements du rè-

---

(1) Archives de la préfecture du Tarn. — Archives de la mairie d'Albi.

gne du roi Jean, avaient fait une invasion en France, commandés par Edouard, dit le *prince noir*. Le roi marcha à leur rencontre; mais il fut complétement battu à la journée de Poitiers, fait prisonnier et conduit à Londres. — Cependant une trève fut conclue avec l'Angleterre, comme nous épuisée d'hommes et d'argent; mais la France, malgré les efforts du dauphin Charles, régent du royaume pendant la captivité du roi, tomba dans la plus déplorable anarchie. Charles-le-Mauvais, roi de Navarre, aspirant ouvertement à la couronne, fut secondé par Marcel, prévôt des marchands, qui remplit la capitale de massacres, tandis que les campagnes étaient désolées par la faction dite de *la Jacquerie;* enfin fut conclu, entre l'Angleterre et la France, le traité désastreux de Bretigny qui rendit la liberté au roi, moyennant une forte rançon et la cession de plusieurs provinces.

C'est dans ces circonstances qu'un appel fut fait au clergé de France, qui y répondit par les offres les plus généreuses, et c'est pour pourvoir à cette nécessité que le chapitre de Saint-Salvi fit le sacrifice dont il est ici question. Néanmoins, l'emplacement cédé par les chanoines de Saint-Salvi n'avait alors pour objet que la construction de magasins ou de boutiques dont la hauteur avait été déterminée. Le droit d'élever des habitations fut vendu aux propriétaires à l'époque de la révolution de 1789 (1).

Ce serait un grand œuvre de restauration que celui qui aurait pour objet de démasquer la partie de l'église de Saint-Salvi située à l'ouest, pour mettre à jour le monument que le malheur des temps a soustrait à l'admiration publique.

(1) Archives de la préfecture du Tarn.

Cet œuvre a été tenté : à la demande de M. le comte de Cazes, alors député du Tarn, et à la suite d'un rapport du conseil des bâtiments civils, M. le ministre de l'intérieur affecta, en l'année 1846, un crédit spécial de 40,000 fr. pour l'exécution de ce travail, à la condition que la ville dégagerait l'église des habitations qui la masquent dans les autres parties de l'édifice (1).

(1) Le rapport présenté au ministère par le conseil des bâti-ments civils avait pour objet l'avis de ce conseil sur le projet présenté par la ville d'Albi pour la formation de la place Sainte-Cécile, et de la rue *Mariès* tendant de cette dernière place à l'hôtel de la préfecture, et à la rectification de la rue dite de l'Oulmet; cette dernière longeant le côté ouest de l'église de Saint-Salvi où se trouvait autrefois l'entrée principale de cet édifice. C'est à l'occasion de cette dernière rue que M. le ministre, en transmet-tant les observations que ces divers projets avaient fait naître, s'exprimait de la manière suivante dans sa lettre à M. le préfet du Tarn, sous la date du 10 juillet 1846.

« Quant à la rue de l'Oulmet, le conseil s'est borné à faire

Il est à regretter que les ressources finan-
cières de la ville d'Albi ne lui aient pas per-

» connaître qu'il était désirable d'étudier les moyens de démas-
» quer l'ancienne façade de l'église de Saint-Salvi.....

» Je ne pense pas qu'il soit bon de soumettre à retranchement
» les maisons situées du même côté que l'église. Je crois, au
» contraire, qu'il convient, conformément à la proposition de l'ad-
» ministration municipale, de retrancher celles qui sont situées
» de l'autre côté de la rue.

» Cette disposition, qui se concilie mieux avec les intérêts de
» la propriété privée, n'empêchera pas d'ailleurs d'établir au-de-
» vant de l'église et en dehors des limites de la voie publique un
» perron qui occupât l'emplacement des maisons désignées au
» plan... Elle se prête ainsi au dégagement de la façade de Saint-
» Salvi ; mesure dont l'exécution est infiniment désirable et pour
» laquelle je viens d'accorder sur les fonds de mon ministère
» une subvention de 40,000 francs à la ville d'Albi, à la con-
» dition qu'elle s'engage à employer intégralement cette subven-
» tion tant à dégager la façade occidentale de l'église des con-
» structions qui la masquent qu'à opérer dans un délai fixe
» l'isolement complet du monument sur ses autres faces. » (Lettre
du ministre à M. le préfet, sous la date du 10 juillet 1846.)

mis de remplir la condition imposée à l'allocation, qui demeura dès lors sans effet.

Espérons qu'aujourd'hui, où la ville a témoigné de son intérêt pour l'église de Saint-Salvi par l'achat de l'ancien cloître, et où, par le percement de la rue *Mariès*, elle aura à dégager l'église, et la tour qui lui sert de clocher, des habitations parasites qui la déshonorent, le gouvernement n'hésitera pas à renouveler l'allocation dont l'importance avait été justifiée à ses yeux par l'intérêt qui s'attache à la manifestation d'un des fragments d'architecture les plus anciens et les plus remarquables de l'art chrétien dans le midi de la France.

FIN.

TABLE.

FIN DE LA TABLE.

www.ingramcontent.com/pod-product-compliance
Lightning Source LLC
Chambersburg PA
CBHW052348090426

42739CB00011B/2359